RECLAM-BIBLIOTHEK

Wir brauchen einen Ariadnefaden, um uns im Labyrinth der Welt zurechtzufinden. Wir müssen diesen Faden selbst in die Hand nehmen und auch weiterspinnen, um schöpferisch unser Denken und Handeln zu bestimmen. Ekkehard Martens erzählt die Kulturgeschichte der Metapher vom Faden der Ariadne, die nicht nur in der griechischen Antike, sondern ebenso im Rationalismus Bacons und Kants, in der Gesellschaftskritik Nietzsches oder Adornos, in Wittgensteins Sprachspielen am Werk war.
Motto des Bandes: Die Philosophen haben nur verschieden interpretiert; es kommt aber darauf an, *weiterzuspinnen*. Doch philosophisches Spinnen will gekonnt sein; man muß es lernen: Nicht jeder Spinner ist ein Philosoph. Aber jeder Philosoph sollte ein Spinner sein.

Ekkehard Martens, geb. 1943, ist Professor für Didaktik der Philosophie und der Alten Sprachen an der Universität Hamburg. Letzte Veröffentlichung bei Reclam: »Zwischen Gut und Böse. Elementare Fragen angewandter Philosophie« (UB 9653).

Ekkehard Martens

Der Faden der Ariadne

oder

Warum alle Philosophen spinnen

RECLAM VERLAG LEIPZIG

ISBN 3-379-01704-3

Reclam-Bibliothek Band 1704
1. Auflage, 2000
Reihengestaltung: Hans Peter Willberg
Umschlaggestaltung: Oberberg + Puder, Leipzig, unter Verwendung einer Abbildung des Labyrinths im Mittelschiff der Kathedrale von Chartres
Gesetzt aus Meridien
Satz: Reclam Verlag Leipzig
Druck und Bindung: Ebner Ulm
Printed in Germany

Inhalt

I. Leitmetaphern im Denken und Handeln

Kreativität und Weiterspinnen

Metaphern beruhen auf realen, wenn auch häufig vergessenen oder verdrängten Erfahrungen; auch können sie unser Denken und Handeln als recht plausible Vorstellungen leiten.[1] Sie sind keineswegs bloß »übertragene Bedeutungen« eines poetischen oder »uneigentlichen« Sprachgebrauchs und verführen auch nicht durchweg lediglich zu unklarem Denken und unüberlegtem Handeln. Wir benutzen nicht nur bildliche Ausdrücke wie »Zeit ist Geld«, »Zeit einsparen«, »Zeit verbrauchen«, »etwas kostet Zeit« oder »Zeitbudget«, sondern denken und handeln tatsächlich weitgehend nach den darin ausgedrückten Erfahrungen unserer gesellschaftlichen Wirklichkeit, die nach ökonomischen und quantitativen Gesichtspunkten organisiert ist. Wenn wir dagegen von der »erfüllten Zeit« reden oder davon, daß »wir uns Zeit lassen« wollen, gehen wir von einer eher meditativen Denk- und Handlungsweise aus, die in anderen Kulturen und zu anderen Zeiten stärker als gegenwärtig bei uns eine erfahrbare Wirklichkeit ist.

Oft lassen sich von Metaphern sogar die Leitvorstellungen einer ganzen Zeitepoche ablesen. In Platons Dialog *Timaios* etwa erschafft der göttliche »Demiurg«, wörtlich der Handwerker, die Welt, indem er eine unbearbeitete Urmaterie nach geometrischen Formen zum Zweck höchster Harmonie bearbeitet. Die Erschaffung oder der Aufbau der Welt wird hier nach dem Muster der in der Antike vorherrschenden handwerklichen Erfahrung gedeutet. Dieselbe Handwerksmetapher liegt in der *Metaphysik* des Aristoteles der Erklärung des Seienden insgesamt zugrunde. Wenn wir beispielsweise fragen, warum ein bestimmtes Seiendes eine Opferschale ist, lassen sich nach Aristoteles dieselben vier Ursachen wie in Platon *Timaios* nennen: der Schmied als »Beweger«, das Kupfer als »Materie«, die Schale als »Form« und das Opfern als »Zweck« (*Metaphysik* A,3).[2] Im Kontrast zu dieser Handwerksmetapher steht dagegen die Spinnenmetapher als Erklärung des Weltganzen in der indischen Philosophie, nach der die göttliche Weltspinne das Netz der Maya aus sich herauswebt und wieder in sich zurücknimmt.

Das aristotelische Weltbild wirkte in Europa über Thomas von Aquin bis in die mittelalterliche Theologie vom Schöpfergott hinein weiter. Erst im 17./18. Jahrhundert, dem Zeitalter imponierender Erfindungen, mechanischer Uhrwerke etwa, wandelt sich die Leitmetapher zur Erklärung der Welt. Die Welt wird jetzt als Uhrwerk gedeutet, das nach einem ausgeklügelten Konstruktionsplan abläuft und in seiner Perfektion auf einen göttlichen Konstrukteur schließen läßt. Anders als in der Handwerksmetapher werden in der Mechanikmetapher nicht mehr die Materie und der Herstellungszweck betont, sondern vor allem der Bauplan und der Konstrukteur. Die Welt wird immer mehr zu einem mechanischen Ablauf.

Diese Entwicklung verstärkt sich gegenwärtig mit der zunehmenden Computerisierung der Arbeits- und Lebenswelt. Entsprechend ist die Computermetapher zur dominierenden Leitvorstellung unserer Zeitepoche geworden, die sich in Ausdrücken der Wissenschafts- und Alltagssprache niederschlägt. So wird in der Psychologie Denken und Handeln weitgehend als »informationsverarbeitender Prozeß« mit einem »Regelkreis« von »Input und Output« aufgefaßt und in Computerprogrammen simuliert. Dieselbe Vorstellung vom Denken und Handeln als Computerprogramm prägt auch unsere alltagssprachliche Erfahrung: wir »sind falsch programmiert«, »schalten uns ein und aus«, »programmieren uns um«, »speichern Informationen im Kopf« und gewöhnen uns daran zu sagen und vielleicht auch zu glauben, »der Computer hat schuld«. Das Subjekt der Programme, das die Fäden und Netze spinnt, bleibt dabei im dunkeln. Wir sind immer weniger Schöpfer unseres eigenen Denkens und Handelns. In der Computermetapher drückt sich die Erfahrung aus, daß wir durch den Fortschritt moderner Wissenschaft und Technik den Faden zu verlieren und uns in unseren eigenen Netzen zu verfangen drohen.

»Die Fäden und Netze spinnen«, »den Faden verlieren«, »sich in den eigenen Netzen verfangen« – in die Beschreibung der Computermetapher sind Aspekte einer neuen Metapher eingegangen, der Spinnenmetapher. In ihr kondensiert sich die Erfahrung schöpferischen, kreativen Denkens und Handelns, auch in seinen zerstörerischen Seiten. Kreativität ist nicht nur eine lustvolle, sondern auch eine bedrohliche Tätigkeit. Das Spinnen mit der Drüse aus dem Bauch der Spinne kann schöne Netze hervorbringen, besonders die Radnetze; zugleich aber empfinden wir die Spinnennetze als bloß luftig und unbeständig. Im Alten Testament etwa steht die Spinnenmetapher an einigen Stellen für die Hinfälligkeit des Lebens und das eitle Hoffen des Menschen: »Spinnweben weben sie, ... nicht taugen ihre Gewebe zu Kleidern« (*Jesaja*, 59, 9); »zunichte wird jedes Frevlers Hoffen. Nur Sommerfäden, das ist sein Vertrauen, ein Spinngewebe seine Zuversicht« (Buch *Hiob*, 8, 14); »es schaffen unsere Jahre (eitel) wie die Spinne« (Psalm 39, 12). Nicht nur für die Beutetiere, sondern auch für die Menschen scheint das Spinnennetz und die Spinne bedrohlich zu sein; wir ekeln uns vor der Spinne (»Pfui Spinne!«) und haben Angst vor ihr (»alte Giftspinne«, »spinnefeind«).

Anders als das Spinnen aus dem Bauch der Tiere wird dagegen das Spinnen mit der Hand weitgehend als kreative Tätigkeit in ihren positiven Seiten verstanden, wie die zahlreichen Zitate in Grimms *Deutsches Wörterbuch* oder Bächtold-Stäubls *Handwörterbuch des Deutschen Aberglaubens* belegen. Allerdings kann auch das Spinnen mit der Hand bedrohlich werden, etwa in den Händen böser Feen, wie im Märchen *Dornröschen*, oder es kann uns auch mißlingen, wenn wir uns »verhaspeln«, »den Faden verlieren« oder sogar einen »Fadenriß« haben. Erst recht fassen wir das Spinnen mit dem Kopf weitgehend negativ auf, als realitätsfernes, luftiges »Herumspinnen« oder bloßen »Spinnkram« und »Hirngespinste«. Nur selten schätzen wir das kreative Spinnen von neuen Gedankenfäden und Gedankennetzen der Querdenker. Neuerdings allerdings wird das »vernetzte Denken« gegenüber einem engschrittigen, algorithmischen Denken wieder betont. Auch erhalten die »Gehirngespinste« einen besseren Klang, etwa als Untertitel zu Valentin Braitenbergs *Neuroanatomie für kybernetisch Interessierte* (Berlin etc. 1973).

Offensichtlich ist die Spinnenmetapher in sich vielschichtig, als Spinnen aus dem Bauch, mit der Hand und mit dem Kopf, und verweist auf ambivalente Erfahrungen mit der Kreativität. Sie ist außerdem nicht nur auf eine bestimmte Zeitepoche beschränkt, sondern läßt sich bereits weit vor der Handwerksmetapher, etwa im Alten Testament und bei Homer, und bis zur gegenwärtigen Epoche der Computermetapher finden. Ihre Konstanz hat mehrere Gründe. Zunächst haben natürlich immer wieder Beobachtungen der Spinne in ihrem Aussehen und in ihrer Tätigkeit die Phantasie angeregt. Ferner reicht die Handwerkskunst des Spinnens bis in die Jungsteinzeit zurück und war bis in das neunzehnte Jahrhundert hinein für das Alltagsleben unentbehrlich zum Herstellen von Kleidung und als Lohnerwerb sowie als Gelegenheit zu Geselligkeit. Zeugnisse von der Bedeutung des Spinnens geben nicht nur zahlreiche Redensarten und Sprichwörter, sondern auch literarische und künstlerische Darstellungen.

Bei der Konstanz und Bedeutung der Erfahrung mit den Spinnen und dem Spinnen kann es deshalb nicht verwundern, daß sich auch das philosophische Denken von Anfang an von den verschiedenen Facetten der Spinnenmetapher hat inspirieren lassen, um die kreative Tätigkeit des Denkens und des Philosophierens selbst zu verstehen. Daß auch die Philosophie und nicht nur die Poesie von Metaphern geprägt ist und darin durchaus ein genuines Erkenntnismedium liegt, hat neuerdings vor allem Hans Blumenberg gezeigt.[3] Auch die Spinnenmetapher ist bei vielen Philosophen nicht bloß uneigentliche Rede, sondern in ihr drücken sich ambivalente Erfahrungen mit der Kreativität aus. Verfolgt man daher die Spinnenmetapher an einigen Stationen des Denkens, lassen sich Aufschlüsse über die Hoffnungen und Befürchtungen gewinnen, mit denen unser Denken und Handeln den Schicksalsmächten der homerischen »alten Spinnerinnen«, der römischen »Parzen« und germanischen »Nornen« den Faden aus der Hand zu nehmen und ihn selber weiterzuspinnen versucht hat.

Man könnte kreatives, philosophisches Denken selbst geradezu als Weiterspinnen definieren: Gesprächsfäden anderer aufgreifen und fortentwickeln, eigene Fäden entspinnen und daraus ein neues, eigenes Gedankennetz weben und knüpfen. Das kreative Spinnen mit dem Kopf trägt somit als innovatives und intuitives Denken Züge vom Spinnen aus dem Bauch des Spinnentiers. Aber wie das Spinnen mit der Hand und wie das Spinnen des kunstreichen, streng geometrischen Radnetzes aus dem Bauch der Spinne kommt das Spinnen mit dem Kopf nicht ohne feste Strukturen und Regeln aus, auch nicht ohne vorgegebenes Material und bestimmte Rahmenbedingungen, vor allem genügend Zeit. Das kreative Weiterspinnen ist also keineswegs eine bloß luftige Angelegenheit.

Spinnen mit Bauch, Hand und Kopf will ferner gekonnt sein; man muß es lernen und braucht viel Erfahrung dazu. Daher ist nicht jeder Spinner von ungewöhnlichen Einfällen gleich ein Philosoph. Aber jeder Philosoph sollte den Ehrentitel eines Spinners anstreben, in der Nachfolge des mittelalterlichen Hofnarren. Ein philosophischer, kreativer Denker sollte sich der weit verbreiteten Gewohnheit entgegenstellen, jedes ungewöhnliche Denken von vorneherein und ungeprüft als Spinnen abzuwehren. Offensichtlich steht hinter dieser Abwehr die Furcht vor einem Denken, das seit den Tagen des Sokrates gewohnte Denk- und Handlungsmuster zu verunsichern droht.

Gegenwärtig allerdings scheint nicht nur das kreative, subversive Denken traditionell wenig gefragt, sondern

Denken schlechthin scheint am Ende zu sein. Fausts Klage »Des Denkens Faden ist zerrissen!« (*Faust* I, Vers 1748) ist zur Klageformel einer weit verbreiteten Skepsis gegenüber dem Denken und der Vernunft schlechthin geworden, genauer aber gegenüber der modernen Wissenschaft und Technik. Bereits zu Beginn des wissenschaftlich-technischen Aufbruchs nimmt Goethe die Devise gegenwärtiger Vernunftkritik vorweg, wie sie etwa Michel Foucault äußert: »Der berühmte und so fest gedachte Faden ist zerrissen (...) Und die ganze Geschichte des abendländischen Denkens ist neu zu schreiben.«[4] Als Exponent postmodernen Denkens kündigt Foucault dem sprichwörtlichen Ariadnefaden das Vertrauen auf. Der Ariadnefaden der Vernunft ist nicht länger der erhoffte Leitfaden zur Errettung aus dem Labyrinth, sondern eine bedrohliche Fessel.

Die Skepsis und Kritik an der Vernunft beruht auf nur allzu bekannten Erfahrungen, die bei vielen Autoren in den negativen Seiten der Spinnenmetapher einen Ausdruck finden. Wie die »Spinne im Netz«[5] lauern nach Walter Volpert die Machtzentren weltweiter »Computernetze« auf ihre Beute. In der Computerisierung weiter Lebensbereiche spitzt sich der von Norbert Elias analysierte *Prozeß der Zivilisation* zu. Die Reglementierungen und Kontrollen, die Elias als Folge zunehmender Bevölkerungsdichte und immer differenzierterer Arbeitsorganisationen seit dem Mittelalter etwa am Beispiel der Tischsitten nachweist, verstärken sich für den einzelnen und die Gesellschaft. Bei seinen Analysen benutzt Elias ebenfalls die Spinnenmetapher. Der einzelne werde immer dichter in das »Interdependenzgeflecht fortschreitender Funktionsteilung versponnen« und rückwirkend »durch das Gespinst seiner Abhängigkeiten modelliert«[6]. Ähnlich zieht auch Jürgen Habermas in seiner sonst recht spröden Wissenschaftsprosa an zentralen Stellen Facetten der Spinnenmetapher heran. Wie Elias sieht er die »Rationalisierung der Lebenswelt« als ein »immer weiter und immer feiner gesponnenes Netz« an, als eine »Verdichtung der schwebenden Textur eines Gespinstes aus intersubjektiven Fäden«[7].

Statt einer gemeinsamen Klärung der gemeinsamen Angelegenheiten oder statt des gemeinsamen Spinnens unserer sozialen Beziehungen und Netze verstricken wir uns nach Habermas zunehmend in die vorgefertigten Netze der durchrationalisierten Lebenswelt. Auch die Spinnenmetapher selbst verliert ihren ursprünglichen Erfahrungsbezug auf die Natur und kreative Tätigkeit. Das Spinnrad wurde schon längst durch die Spinnmaschine ersetzt, und diese wird jetzt vom Computer-Expertensystem COROSULT zur Steuerung des Spinnvorgangs abgelöst. Nicht nur das Spinnen mit der Hand, sondern auch das Spinnen aus dem Bauch wird überflüssig für uns, seitdem die Fäden der Seidenraupe durch chemikalisch hergestellte Mikrofasern ersetzt werden können.

Die kreativen Prozesse des Spinnens aus dem Bauch und mit der Hand werden durch andere kreative Prozesse weitgehend außer Kraft gesetzt. Das Spinnen mit dem Kopf hat mit Hilfe von Wissenschaft und Technik den Faden in die Hand genommen und ist dabei auf die Grenzen seiner kreativen Möglichkeiten gestoßen. Sind wir aber deshalb mit unserer Vernunft insgesamt wirklich am Ende? Dies ist nicht der Fall. Zunächst ist ein Faserriß kein Fadenriß; die Krise der wissenschaftlich-technischen Vernunft ist nicht die Krise oder das Ende der Vernunft insgesamt. Zudem liegt genau in dieser Unterscheidung von Faserriß und Fadenriß die Kraft der Vernunft, Einschränkungen auf ein umfassendes Ganzes zu beziehen. Noch in der Selbstkritik der Vernunft liegt die Hoffnung auf ihre ungebrochene Kraft, unser eingeengtes wissenschaftlich-technisches Denken zu erkennen und in moralischen und ästhetischen Orientierungen »aufzuheben«. Hierfür lohnt es sich, den Faden unseres Denkens in seinen geschichtlichen Fasern von Wittgenstein über Kant und Platon bis in seine mythologischen Anfänge einmal zurückzuspulen, um aus den vielfältigen Fasern einen neuen Faden zu produzieren:

Die Philosophen haben den Faden der Ariadne nur verschieden *interpretiert*; es kommt darauf an, ihn *weiterzuspinnen*.[8]

II. Göttliche und menschliche Spinnkunst

Arachnes Wettkampf mit Athene

Der Mythos berichtet in anschaulichen Schilderungen davon, wie sich menschliches Denken und Handeln erst langsam und mühevoll von fremden, beschützenden und zugleich bedrohlichen Mächten befreit hat. Nicht der Mensch, sondern die Götter waren Träger aller Handlungen und Gedanken. Und sie selber hatten sich zuvor aus der Macht des undurchschaubaren, anonymen Schicksals befreit. Daher ist der Kampf um die Herrschaft zwischen den Göttern und Menschen bereits ein weiterer Schritt im Bewußtsein fortschreitender menschlicher Freiheit. Was der Mythos als diachronischen Prozeß schildert, läßt sich auch synchron als widergespiegelte Struktur der conditio humana lesen, ob als Gefüge von Archetypen, kollektivem Bewußtsein und Individuation, oder von Es, Ich und Über-Ich, als Spannung von Zufall, Freiheit und Notwendigkeit, als Widerstreit von Vererbung und Milieu, Natur und Kultur oder wie die Varianten in der Selbstdeutung und Selbsterfahrung des Menschen sonst noch heißen mögen. Auf jeden Fall aber wäre ein geradliniger Fortschrittsprozeß vom Mythos zum Logos eine Selbsttäuschung, der zu einer undurchschauten und destruktiven Widerkehr des Verdrängten führen muß. Der Prozeß kreativen Denkens ist nicht von seinen mythologischen Bezügen abzuschneiden.

Wie Prometheus den Göttern das Feuer abgetrotzt und damit für die Gesellschaft der Jäger ein notwendiges Hilfsmittel zur Zubereitung der erlegten Beutetiere als Nahrung verschafft hat, so mußte sich Arachne in ihrer Kunst des Spinnens und Webens erst in einem Wettkampf mit der Göttin Athene behaupten, um eine unentbehrliche Grundlage für die menschliche Kleidung zu sichern. In seinen *Metamorphosen* (VI, 1–145) berichtet Ovid von dem Mythos, wie die für ihre Spinn- und Webkunst berühmte lydische Arachne von der Göttin in eine Spinne verwandelt wurde. Von dieser Verwandlung stammt auch der Name Arachne, griechisch »die Spinne«, nach der noch heute die zoologische Spezialdisziplin »Arachnologie« benannt ist.

Nach der von Ovid berichteten alten lydischen Sage hatte Pallas Athene, die jungfräuliche Stadtgöttin Athens, Göttin der Milde, Weisheit und klugen Kriegsführung, Schützerin des Ölbaums und Erfinderin des Schiffbaus sowie der Künste des Kochens, Spinnens und Webens, von Arachnes Ruhm in der Spinn- und Webkunst gehört. Arachne allerdings wollte nicht anerkennen, daß sie »von Pallas belehrt« sei, und weigerte sich, Pallas Athene als »Meisterin« (magistra) die notwendige Ehrfurcht zu erweisen. Im Gegenteil, sie forderte die Göttin sogar zu einem Wettkampf heraus. Athene versuchte zunächst auf gütlichem Wege, Arachne dieses Ansinnen auszureden. In ihrer Milde, so läßt sich vermuten, wollte sie Arachne nicht ins eigene Verderben rennen lassen, da sie selber von ihrer göttlichen Überlegenheit überzeugt war.

Verkleidet als alte Frau, gibt Athene der Lydierin den gutgemeinten Rat, die Überlegenheit der Göttin anzuerkennen: »Unter Sterblichen magst du suchen den Ruhm, die Erste zu sein in der Wolle Bereitung – weiche der Göttin und bitte für das, was du frevelnd gesprochen, flehend um Gnade, der Bittenden wird sie Gnade gewähren.« Über diesen Rat jedoch ist Arachne so erzürnt, daß sie zunächst »ihren Faden verliert«. Als sie sich wieder gefaßt hat, verspottet sie nicht nur die Autorität des Alters (»von langem Alter verblödet, allzu lange gelebt, ist arg«), sondern wiederholt darüber hinaus ihre Aufforderung zum Wettkampf. Auch als sich die alte Frau in die Gestalt der Göttin Athene zurückverwandelt hat, bleibt Arachne nach einem ersten Erschrecken voller Trotz bei ihrer Aufforderung zu einem Wettkampf.

Beide, Athene und Arachne, machen sich daraufhin an

die Arbeit am Webstuhl. In den unterschiedlichen, von Ovid ausführlich geschilderten Motiven ihrer Webstücke kommt der Zusammenprall von göttlichem Herrschaftsanspruch und menschlicher Auflehnung deutlich zum Ausdruck. Athene webt »die himmlischen Zwölf in erhabener Würde«; in der Mitte der zwölf Götter des Olymp thront Zeus von »königlichem Aussehen«, dessen Tochter zu sein, sich Athene voller Stolz bewußt ist. Sich selber stellt sie als triumphierende Siegerin im Streit um den Besitz der Stadt Athen dar. Bei diesem Streit hatte die Göttin durch die Gabe des Ölbaums über Poseidon, der der Stadt eine Quelle als Geschenk angeboten hatte, den Sieg davongetragen. Als warnende Erinnerung für Arachne zeigt Athene in den vier Ecken des Webstücks, weit von der göttlichen Mitte entfernt, das elende Schicksal anderer Gottesfrevler. Das Ganze umrahmt sie schließlich mit ihrem Siegeszeichen, mit »des schimmernden Ölbaums Zweigen«.

Arachne dagegen stellt die Frevel der Götter untereinander und gegenüber den Menschen dar, Europas Täuschung durch den in einen Stier verwandelten Zeus, seine anderen Liebesabenteuer in Gestalt eines Adlers, Schwans oder einer Schlange, auch Poseidons arglistige Täuschungen der Menschen durch Verwandlungen in Tiergestalt. Schließlich gibt Arachne allem »ihr eigenes Gesicht« und rahmt das Webstück mit einem Geflecht aus Blumen und Efeu als Zeichen menschlicher Dichtkunst und Kreativität ein. Somit entsprechen sich in der künstlerischen Darstellung Ovids die Motive der beiden Webstücke bis in die kontrapunktischen Einzelheiten hinein.

Arachne ging mit ihrer Kunstfertigkeit als zweifelsfreie Siegerin aus dem Wettstreit hervor. Dies mußte auch Athene bei allem Neid anerkennen. Die Göttin wollte aber die Frevlerin nicht ungestraft davonkommen lassen, wie Ovid beschreibt: »Dieses Werk – es konnt' es nicht Pallas, es konnt' es der Neid nicht tadeln. Darob ergrimmte die blonde gewaltige Machtmaid, und sie zerriß das bunte Geweb, die Schanden des Himmels. Wie in der Hand das

Schiffchen vom Holz des Cytorus sie hielt, so stach sie dreimal und viermal mit ihm in die Stirne Arachnen. Und die Unglückselge ertrug's nicht, sie schlang sich die Schnur um die tapfre Kehle. Die Hängende stützte Minerva, von Mitleid erfaßt, und sprach: ›So lebe du zwar, doch hänge, du Schlechte! Und daß du sicher der Zukunft nicht seist, soll derselben Strafe Gesetz auch gelten deinem Geschlecht bis hin zu den spätesten Enkeln.‹ Sprengte im Gehn darauf über jene des Hecatekrautes Saft. Und, sobald sie benetzt von dem Gifte, dem schrecklichen, schwanden hin ihre Haare sogleich, mit ihnen Nase und Ohren; winzig wird ihr das Haupt; am ganzen Leib ist sie klein, und schmächtige Finger hängen statt Schenkeln ihr dünn an den Seiten. Alles übrige nimmt sich der Leib; doch sendet aus dem sie Fäden noch jetzt und übt als Spinne die frühere Webkunst.«[1]

Dem von Ovid erzählten alten lydischen Mythos liegt nicht nur die grundsätzliche Selbstdeutung des Menschen als Befreiung von göttlichen oder anderen ihn bestimmenden Mächten zugrunde, sondern vermutlich auch eine Verarbeitung realer geschichtlicher Ereignisse. So scheint nach Ranke-Graves in seiner *Griechischen Mythologie* Athenes Rache an Arachne »den frühen Handelswettstreit zwischen den Athenern und den lydio-karischen Thalassokraten, den Beherrschern der Meere, die kretischen Ursprungs waren, widerzuspiegeln. Zahlreiche Siegel mit einem Spinnenemblem, die im kretischen Miletos – der Mutterstadt des karischen Miletos und größten Exporteurs gefärbter Wollstoffe in der Alten Welt – gefunden wurden, zeigen, daß dort zu Anfang des zweiten Jahrtausends v. Chr. eine umfangreiche Textilindustrie betrieben wurde. Eine Zeitlang beherrschten die Milesier den gewinnbringenden Handel im Schwarzen Meer. Sie hatten auch Lagerhäuser in Naukratis in Ägypten. Athene hatte guten Grund, auf die Spinne eifersüchtig zu sein.«[2]

Bei dem Wettkampf geht es jedoch nicht in erster Linie um einen realen historischen Handelswettstreit, auch nicht lediglich um die individuelle Eifersucht Athenes, die ihr sonst fernzuliegen schien. Vielmehr trägt Ovids Darstellung vor allem deutliche Züge eines Herrschaftskampfes zwischen Göttern und Menschen. Auch in dem später als der lydische Mythos entstandenen homerischen Epos lenken ursprünglich Athene und die anderen Götter die Gedanken und Handlungen der Menschen, und genauso lehnen sich die Menschen immer wieder dagegen auf, um sich aber schließlich doch zu fügen. Als sich etwa Achilleus mit dem Schwert an Agamemnon rächen will, weil dieser drohte, ihm »die rosige Tochter des Brises« wegzunehmen, tritt ihm Athene entgegen und mahnt ihn zur Zurückhaltung: »laß fahren den Streit und zücke das Schwert nicht« (*Ilias* I, 184–218). Achilleus gehorcht der Göttin und antwortet ihr: »Euer Wort, o Göttin geziemt es wohl zu bewahren, welche Wut auch im Herzen sich hebt; denn solches ist besser. Wer dem Gebot der Götter gehorcht, den hören sie wieder.« Athene greift auch unmittelbar in Handlungen ein, wenn sie etwa die Gegner des Diomedes beiseite stößt und seine Lanze »drängt gegen die Weiche des Bauchs« von Ares (*Ilias* V, 855–857).

Bei Homer ist die Welt nicht nur in der Beziehung von Göttern und Menschen, sondern in ihrem Gesamtgefüge ein geordnetes, schönes Ganzes, griechisch ein »Kosmos«. Eine Darstellung dieses Kosmos mit den Gegensatzpaaren von Erde und Himmel, Feuer und Wasser, Stadt und Land, Frieden und Krieg, Muße und Arbeit sowie mit einem Mittelpunkt und einer klaren Umgrenzung findet man beispielsweise auf dem berühmten Schild des Achilleus (*Ilias* XVIII, 478–612). Athenes Webstück und der vom göttlichen Handwerker Hephaistos angefertigte Schild des Achilleus entsprechen sich in der Gesamtkomposition eines wohlgestalteten Kosmos. In ihm hat alles seinen ihm zukommenden Ort, und das Ganze ist durch eine Mitte und eine feste Umgrenzung geordnet. Zu dem Ordnungsgefüge von Göttern und Menschen gehört auch, daß die Menschen nicht bloße Befehlsempfänger der Götter sind und keinerlei Entscheidungsfähigkeit haben, wie neuerdings etwa Richard Gaskin vor allem gegen Bruno Snell hervorhebt[3]. Vielmehr haben die Menschen teil an der göttlichen Vernunft, der sie allerdings untergeordnet bleiben. Auch Arachne muß sich schließlich der überlegenen Macht Athenes fügen, hat aber dennoch ihren Anspruch auf ihre eigene Kunstfertigkeit gewahrt. Die menschliche Freiheit und Kreativität entwickelt ihr Selbstbewußtsein innerhalb eines tragenden Ordnungsgefüges und schöpft ihre eigene Kraft nicht völlig aus sich selbst.

Nicht nur Auflehnung und Gehorsam, sondern auch Strafe und Belohnung bilden eine sinnvolle Einheit. Wie durch eine List der Vernunft wurde aus der Bestrafung Arachnes durch die Göttin Athene eine Chance für die Menschen, sich die eigenen Lebensgrundlagen selbst zu erarbeiten, durch das Spinnen mit der Hand und mit dem Kopf. Arachne »verliert den Faden« zwar zunächst, nimmt ihn dann aber wieder in die Hand. Sie webt in ihr Webstück ihr eigenes Welt-Bild aus menschlicher Sicht ein, in dem die Götter ihre durchgehende Macht verloren haben und die Menschen allem »ihr eigenes Gesicht« geben, wie es bei Ovid heißt. Arachne kann auch nach ihrer Umwandlung in eine Spinne ihre Spinn- und Webkunst fortsetzen, nicht kraft göttlicher Belehrung, sondern kraft natürlicher Anlagen und selbständigen Lernens. Die Geschichte des kreativen Denkens als Weiterspinnen beginnt mit Arachne. Wie die Menschen allerdings das Essen vom »Baum der Erkenntnis« im Alten Testament mit den Unsicherheiten der neu gewonnenen Freiheit bezahlt haben, nun selber zwischen gut und böse, wahr und falsch unterscheiden zu müssen und sich nicht mehr einfach dem, was ist, anvertrauen können, ist auch das kreative Weiterspinnen seit Arachnes Sieg im Wettkampf mit Athene ambivalent geblieben.

Nach den Chancen des eigenen, kreativen Vernunftgebrauchs scheinen gegenwärtig die Risiken zu überwiegen. Der Faden scheint gerissen zu sein. Gehen die Risiken des kreativen Vernunftgebrauchs möglicherweise darauf zurück, daß die Männer den Frauen den Faden aus der Hand genommen haben? Schließlich stammt ja die Spinnkunst von einer Frau, der Göttin Athene, und wurde ebenfalls von einer Frau, der Lydierin Arachne, zum Nutzen für die Menschen erkämpft. Zugleich ist die Spinnkunst mit Klugheit gepaart, bei Athene als Ursprung aller Klugheit, und bei Arachne in ihrer geschickten und listenreichen Arbeit. Prometheus, der den Göttern das Feuer gestohlen und damit den ersten Schritt zur Naturbeherrschung durch Bearbeitung von Beutetieren und von Metall getan hat, scheint dagegen als Vorbild wissenschaftlich-technischer Vernunftherrschaft unterdessen ausgedient zu haben. Sollte also die männliche Vernunft ihren Herrschaftsanspruch aufgeben und wieder auf die ursprüngliche weibliche, natürliche und lebenserhaltende Klugheit nach dem Vorbild Arachnes hören?

Tatsächlich werden von feministischer Seite aus Vorschläge gemacht, die weibliche Tätigkeit des Spinnens gegenüber der männlichen Vernunftherrschaft in ihr altes Recht einzusetzen. In ihrem Buch *Wie den Frauen der Faden aus der Hand genommen wurde* vertritt etwa Gerburg Trensch-Dieter die These, daß seit der Ablösung des Spinnrads durch die Spinnmaschine die weibliche Produktivität durch die männliche Fabrikation enteignet worden sei.[4] Offensichtlich geht Trensch-Dieter davon aus, daß Spinnen am Spinnrad oder an der Spindel für die Frauen etwas durchweg Positives war. Wenn man allerdings antike Quellen heranzieht, ist diese Annahme keineswegs haltbar. In Euripides' *Bakchen* etwa wollen die Frauen gerade aus der Enge ihrer Hausfrauenarbeit ausbrechen und an den dionysischen Festen teilnehmen. So rühmt sich Agave: »Webstuhl und Spindel ließ ich, denn zu Höherem war ich bestimmt« (V, 1236f.).

Dagegen wollte Xenophon, möglicherweise in einer Replik auf den Aufklärer Euripides, die Tätigkeit der Frauen auf den Haushalt beschränkt wissen, zu dem vor allem, wie schon für Penelope, die Frau des Odysseus, das Spinnen und Weben gehörte. Von einer fünfzehnjährigen Ehefrau heißt es bei ihm in seiner »Haushaltslehre«: »Sie durfte fast nichts hören, sehen oder verlangen. Was konnte ich mehr wünschen, als in ihr eine Frau zu finden, die weben und Wolle spinnen konnte, um einen Mantel daraus zu machen, die gelernt hatte, den Dienerinnen beim Spinnen ihre Aufgaben zuzuweisen?« (*Oikonomikos*, VII, 5). Andererseits besaßen die Frauen auf ihrem Arbeitsgebiet tatsächlich eine relative Unabhängigkeit gegenüber den Männern, worauf Sokrates in den *Memorabilien* Xenophons aufmerksam macht: »Er wies auch darauf hin, daß bei der Wollspinnerei sogar die Frauen das Regiment über die Männer führten, weil sie sich auf die Bearbeitung der Wolle verstünden, die Männer aber nicht« (III, 9). Auch Penelope konnte ihre ungeduldig drängenden Freier hinhalten, indem sie nachts immer wieder das tagsüber gewebte Kleidungsstück auflöste, das sie angeblich vor einer Heirat erst fertigstellen wollte. In Wirklichkeit aber wartete sie sehnsüchtig auf die Heimkehr ihres Mannes Odysseus. Heimgekehrt vereinte sich dieser wieder mit Penelope, vertrieb die Freier aus seinem Haus und stellte die alte Ordnung wieder her.

Auch Mary Dalys Versuch überzeugt nicht, die Spinnenmetapher zur Rechtfertigung für eine weibliche, angeblich bessere Vernunft zu beanspruchen. In ihrem Buch *Gyn/Ökologie. Die Meta-Ethik des Radikalen Feminismus* schreibt sie beispielsweise im Kapitel »Spinnen: Kosmische Gewebe«: »Spinsters spinnen und weben, schaffen die Einheit des Bewußtseins, stellen sie wieder her. Während wir dies tun, spinnen wir durch das Reich des vielfach gespaltenen Bewußtseins hindurch und darüber hinaus.«[5] Daly kann ihr eigenes Vernunftkonzept nicht begründen, inwiefern es eine spezifisch weibliche Angelegenheit sein soll, die »Einheit des Bewußtseins« gegenüber dem männlichen »Reich des vielfach gespaltenen Bewußtseins« zur Geltung zu bringen, und inwiefern das nationalistische Denken in seinem Wesen, nicht nur in seinem faktischen Gebrauch, typisch männlich ist. Auch ist ihr Gebrauch der Spinnenmetapher für die »Einheit des Bewußtseins« als Gegenbild zum rationalistischen Denken nicht einleuchtend. Genausogut könnte das Weben der Spinne als Metapher gerade *für* das rationalistische Denken verwendet werden, wie dies etwa Johann Georg Hamann von dem rationalistischen Philosophen Spinoza berichtet: »Spinnen und ihrem Bewunderer Spinoza ist die geometrische Bauart natürlich.«[6]

Hamann hatte bei seinem Vergleich der rationalistischen Denkmethode Leibniz', etwa in seiner »Ethica more geometrico«, mit der »geometrischen Bauart« der Spinne offensichtlich das kunstreiche Netz der Radspinne vor Augen. Allerdings finden wir in der Natur auch Spinnetze von weniger Exaktheit und Schönheit, sogar von recht unregelmäßigem Aussehen, auch einzelne Spinnfäden. Spinnen wie kreatives Denken folgen keinem einheitlichen Muster. Wie das Denken intuitive, analytische und handwerkliche Fähigkeiten und Fertigkeiten umfaßt, ist auch die Spinnenmetapher in sich vielfältig. Auch der Versuch, das weibliche Spinnen gegen die männliche Vernunft auszuspielen, kann sich daher nicht auf die Spinnenmetapher als Schiedsinstanz berufen. Der Wettkampf zwischen Athene und Arachne sollte ein gemeinsames Kapitel im Kampf der Menschen um ihr schöpferisches Denken und Handeln bleiben, ebenso der Raub des Feuers durch Prometheus.

III. Der Ariadnefaden im Labyrinth

Die Kunst des Daidalos und das Wagnis des Sokrates

Wie der Mythos vom Wettkampf zwischen Athene und Arachne reicht auch der Mythos vom Labyrinth, dem Ariadnefaden und Daidalos bis in das zweite Jahrtausend v. Chr. zurück, die Zeit der minoischen Kultur. Zugleich ist dieser Mythos eng mit den Anfängen des »logos« verknüpft, der Vernunft im Sprechen, Denken und Sein. So sieht der italienische Philosoph und Nietzsche-Herausgeber Giorgio Colli in der »technischen Klugheit« des sagenhaften Handwerkskünstlers Daidalos, dem Erbauer des Labyrinths, »die erste Formulierung eines *logos*«; das Labyrinth stellt sich für ihn »als eine menschliche Schöpfung dar, als die des Künstlers und Erfinders, des Mannes der Erkenntnis und des apollinischen Individuums«; Ariadne schließlich, das »Symbol, das den Menschen rettet, ist der Faden des ›logos‹«, sie »liefert dem Helden die Kontinuität«.[1]

Zugleich aber betont Colli auch die Gefährdung des Logos, der sich nicht wie die moderne Vernunft eine bloß scheinhafte Autonomie einbilde, sondern von Anfang an mit Animalität, Manie, Dunkelheit und Paradoxien verbunden sei. Der Mythos vom Labyrinth, Ariadne und Daidalos ist nach Colli von den zwiespältigen Gestalten Apollon und Dionysos geprägt: hinter der Stiergestalt des Minotauros könne man den Gott Dionysos vermuten, mit dem auch Ariadne verbunden war; Apollon schließlich, dem Theseus auf der Rückfahrt von Kreta nach Athen auf der Insel Delos für seinen Beistand dankte, sei nicht nur der Gott des Lichtes und der Klarheit, sondern auch der Manie und des todbringenden Bogens. Der Logos sei ebenfalls von Anbeginn an ambivalent und keine in sich klare, durchschaubare Erscheinung.

Colli selber deutet bei seinem Hinweis auf den ambivalenten Ariadnefaden des Logos nur am Rande eine Verbindung zu Platon an, »der im ›Euthydemos‹ bei einer unentwirrbaren dialektischen und rationalen Schwierigkeit den Ausdruck ›in ein Labyrinth geworfen‹ gebraucht«[2]. Geht man jedoch Collis Andeutung näher nach, findet man sehr deutliche Verbindungen zwischen Platons Deutung der sokratischen Dialogkunst und dem Spinnen eines Ariadnefadens als Rettung aus dem Labyrinth. Auch ist sich Sokrates durchaus bewußt, daß sein Vertrauen auf den Logos Grenzen hat und keine absolute Sicherheit bietet. Der Logos gründet sich bei ihm nicht auf sich selbst, sondern beruht auf einem vorgängigen Vertrauen auf die göttliche Kraft der menschlichen Vernunft und kennt die Grenzen seiner Möglichkeit. Sokrates kann bei seinen Grundannahmen von unwandelbaren Ideen, von der Möglichkeit gegenseitiger Verständigung sowie von der Verpflichtung zu moralischem Handeln nicht auf mythologische Darstellungen verzichten; vor allem aber weiß er in seinem »Wissen des Nichtwissens«, daß sich die tragenden Grundannahmen des »guten Lebens« nicht auf reine Vernunftgründe stützen lassen und in ihrer konkreten Anwendung stets verbesserungsbedürftig bleiben.[3]

Dennoch zeigt Sokrates in seiner Dialogpraxis, daß bei aller Begrenztheit und Vorläufigkeit eine Orientierung am Logos möglich ist. Von dieser Praxis liegen uns unterschiedliche Darstellungen und Deutungen vor: in den *Memorabilien* Xenophons als eine auf unmittelbare Anwendung bezogene Beratungspraxis; in den *Wolken* des Aristophanes als sophistische Wortverdreherei und Streitkunst; in den Frühdialogen Platons schließlich als ein auf Wahrheit zielender Verständigungsprozeß. Vermutlich hat sich der historische Sokrates tatsächlich zu ganz konkreten Fragen der Erziehung, Politik und alltäglichen Lebensführung geäußert, und wahrscheinlich hat er dabei auch rhetorische Mittel, Begriffsunterscheidungen und logische Kriterien benutzt. Platon jedoch hat im Unterschied zu den Außenbeschreibungen der sokratischen Dialogpraxis durch Xenophon und Aristophanes ihre grundsätzlichen Voraussetzungen verstehen wollen.

Platon nahm die Gesprächsfäden seines Lehrers Sokrates, der selber nichts geschrieben hat, auf – »hypoleptisch«[4] – und spann sie zu seiner eigenen Philosophie weiter. Die Dialogform fordert die Leser ihrerseits dazu auf, die Gesprächsfäden aufzugreifen, mit den eigenen zu verknüpfen und zu neuen Gedankennetzen weiterzuspinnen. Jeder Begriff und Satz in Platons Dialogen steht in einem Gesamtzusammenhang und ist vom kulturellen Vorverständnis Platons abhängig. Daher kann der einzelne Begriff und Satz nur aus dem gesamten Zusammenhang und Vorverständnis des einzelnen Dialogs und schließlich der gesamten Dialoge Platons verstanden oder ausgelegt werden, im Zusammenspiel von Teil und Ganzem.

Wie beim wechselseitigen Verstehen im lebendigen Dialog aber gilt das Zusammenspiel von Teil und Ganzem für beide Seiten, den Text und seinen Interpreten. Wer einen Text auslegt, muß auch sein eigenes Vorverständnis verstehen und ist dabei wiederum auf dasselbe Verhältnis von Teil und Ganzem angewiesen. Wenn wir das »Gewebe« eines »Textes« und seine Einzelheiten verstehen wollen, müssen wir auch das eigene Gewebe unserer Gedankenfäden verstehen. Zu einem fruchtbaren Weiterspinnen eines neuen, eigenen Textes kann es daher nur kommen, wenn wir die eigenen und die angebotenen Fäden weiterspinnen. Erst dann gelingt die Hermeneutik als »anknüpfende« oder »hypoleptische« Kunst der Auslegung und als immer nur versuchsweise »Horizontverschmelzung« (Gadamer).

Für Wilhelm Dilthey ist in seinem Buch *Entstehung der Hermeneutik* die Dialogkunst des Sokrates ein Musterbeispiel der Auslegekunst. Dabei benutzt er auch die Metapher des Spinnens und Webens: »Philosophie ist hier noch Leben, verwachsen mit dem Gespräch, ihre schriftliche Darstellung ist nur Fixierung für die Erinnerung. So muß sie Dialog sein, und zwar von einer so künstlichen Form, daß diese zur eigenen Nacherzeugung der lebendigen Gedankenverknüpfung nötigt. Zugleich muß aber nach der strengen Einheit dieses platonischen Denkens jeder Dialog Früheres fortführen, Späteres vorbereiten und die Fäden der verschiedenen Teile der Philosophie fortspinnen.«[5]

Leben, Gespräch, schriftliche Darstellung und Rezeption durch den Leser entsprechen nach Dilthey einander und sind Ausdruck »lebendiger Gedankenverknüpfung«. Darin kann man das schöpferische Moment des Spinnens aus dem Bauch sehen. Wenn Dilthey außerdem von der »strengen Einheit« des platonischen Denkens redet, erinnert er daran, daß wir beim Philosophieren nicht einfach aus dem Bauch heraus drauflosspinnen können. Auch die Spinnen fertigen jedenfalls ihr Radnetz höchst kunstfertig nach geometrischen Formen an. Ebenso benötigen die Spinnerinnen und Weberinnen für ihre handwerkliche Tätigkeit das passende Material, geeignetes Werkzeug, Bildmuster und Geschicklichkeit. Ähnlich richten sich die sokratischen Dialoge streng nach dem jeweiligen Material oder Sachgegenstand, benutzen Werkzeuge begrifflicher und argumentativer Analyse und erfordern von den beteiligten Personen Geschicklichkeit und Urteilskraft, um die vorgetragenen allgemeinen Begriffe und Argumente auf den jeweiligen Einzelfall hin abzuschätzen. Außerdem steht kein Begriff, Satz, Dialogteil oder Einzeldialog bei Platon als isoliertes Stück Philosophie für sich, sondern ist Teil des gesamten Dialogprozesses, der auf eine »strenge Einheit« des Denkens abzielt.

Die Einheit des Denkens wird nach Dilthey erzeugt, indem die einzelnen Dialoge »die verschiedenen Fäden der Philosophie fortspinnen«. Dieses Fortspinnen ist allerdings auch nicht in der Einheit sämtlicher Dialoge Platons abgeschlossen, sondern wird in der »eigenen Nacherzeugung der lebendigen Gedankenverknüpfung« der Leser aufgegriffen und führt zu immer neuem Fortspinnen. Bereits jeder einzelne Dialog steht bei Platon unter grundsätzlichem Korrekturvorbehalt. So prüft etwa im

Dialog *Phaidon* auch Sokrates die vorgetragenen Beweise für die Unsterblichkeit der Seele, mit denen seine Freunde vor allem sich selber trösten wollen. Er stellt begriffliche Mehrdeutigkeiten und Unklarheiten heraus, weist auf argumentative Mängel hin und lenkt den Blick auf übersehene Phänomene und Erfahrungen.

Allerdings endet auch der *Phaidon*, wie alle sokratischen Dialoge, ohne ein festes Ergebnis. Dennoch läßt Sokrates nicht von seiner Hoffnung oder Utopie ab, daß wir kraft unserer Vernunft Wahrheit zu erkennen vermögen. Er warnt vor »Misologie«, die als »Vernunft- und Redefeindschaft« (89 d) nur zynische oder manipulative Streitkunst (Eristik) zuläßt. Auch bekräftigt er sein Vertrauen, daß wir zu einem moralischen oder gerechten Leben verpflichtet sind und daß ein solches, wie er in einem langen Mythos schildert, ein dauerhafter Lohn in sich ist oder im Jenseits weiterdauert. Daran zu glauben sei »ein schönes Wagnis, und man muß mit solcherlei gleichsam sich selbst besprechen. Darum spinne ich auch schon so lange an der Erzählung« (114 d).

Das griechische Wort, das Schleiermacher mit »spinnen« übersetzt, heißt »mekyno«, wörtlich »ich ziehe in die Länge«. Beim Spinnen mit der Hand geht es in der Tat darum, das Wollknäuel durch Drillen in die Länge zu ziehen und dann mit der Spindel zu drehen, um so ein zunächst ungeordnetes Material zu strukturieren und einen Faden in der gewünschten Form herzustellen. Nichts anderes bedeutet auch das Spinnen mit dem Kopf: ein diffuses Knäuel von Lauten, Wörtern und Sätzen zu einem akzeptablen Text-Gewebe verarbeiten. Das Spinnen oder In-die-Länge-Ziehen von Wollfäden wie von Gedankenfäden hat aber nicht nur eine positive Bedeutung. Wenn Sokrates davon redet, daß er so lange an seiner Erzählung »spinne«, läßt sich daraus eine gewisse Selbstironie heraushören, weil Sokrates sonst lange Reden als Mittel sophistischer Rhetorik gerade kritisiert. Eine ambivalente Übersetzung von »mekyno« schlägt auch das griechische Wörterbuch »Liddell & Scott« unter Hinweis auf

Stellen bei Herodot, Sophokles, Thukydides und Isokrates vor: »spin out a speach; speak at length« (II 1126). Man muß eben beurteilen können, wie lange man je nach gegebenem Sachverhalt und je nach konkreter Situation den Faden weiterspinnen kann und soll.

Eine deutlich negative Bedeutung allerdings hat das Weiterspinnen in der Mahnung des Alkibiades, der Sophist Protagoras solle sich endlich auf einen Dialog mit Sokrates einlassen und nicht »nach jeder Frage eine lange Rede ausspinnen (makron logon apoteinon), der Frage ausweichen und, anstatt Rede und Antwort zu stehen, immer weiter reden (apomekynon)« (*Protagoras* 336 c–d). An anderen Stellen wiederum hat bei Platon die Spinnenmetapher eine deutlich positive Bedeutung in der Bezeichnung der dialektischen Kunst. Um das Unterscheiden und Zusammenfügen der passenden Begriffe in Entsprechung zur Gliederung (»Artikulation«) der Welt zu kennzeichnen, vergleicht Platon die Tätigkeit des Dialektikers mit der Arbeit des »Weberschiffchens« (*Kratylos* 338 a ff.; vgl. *Sophistes* 226 b f., *Politikos* 289 c). Wer das Weberschiffchen gebraucht, muß die einzelnen Fäden nach dem vorliegenden Muster und je nach ihrer Qualität auseinanderhalten und verknüpfen, nicht anders als die Gesprächspartner ihre Gedankenfäden in einem Dialog-Text. Platons Redeweise vom »Ideengeflecht« (*Sophistes* 259 e) klingt noch in der modernen angelsächsischen Philosophie des »conceptual network« nach.

Daß die Spinnenmetapher bei Platon nicht eine bloß »übertragene Bedeutung« hat, sondern reale Erfahrungen verarbeitet, kann man noch deutlicher als bei den handwerklichen Beispielen sehen, wenn man den mündlichen sokratischen Dialog vor dem Hintergrund der homerischen Epenerzählungen als kreatives »Weiterspinnen« im Unterschied zum bloß rezeptiven Bücherlesen versteht. Wie Illich/Sanders unter Berufung auf die Homerforschung von Milman Perry zeigen, stützt sich der vor-alphabetische Epenerzähler nicht auf ein »Lagerhaus von Erinnerungen«, gleichsam als Vorstufe des modernen

Informationsspeichers. Der homerische Sänger »greift vielmehr in einen Schnappsack von Wendungen und Adjektiven und spinnt, getrieben vom Rhythmus der Leier, den Faden einer Erzählung fort«[6]. Dabei macht er von zahlreichen festen Wendungen als Stütze Gebrauch. Perry hat beispielsweise in der Ilias etwa 29 000 Wiederholungen in den 27 000 Hexametern gezählt.

Nach Illich/Sanders passen auch Platons Schriftkritik und sein Lob des mündlichen Dialogs im *Phaidros* vor dem Hintergrund der Tradition des Epenerzählens zu seiner Vorstellung der Wahrheitserkenntnis als »schöpferische Liebe« *(Symposion)*.[7] Allerdings kommt, wie kritisch anzumerken ist, auch die schöpferische Erkenntnis des sokratischen Dialogs nicht ohne ein »Ideengeflechts« aus. Wie die homerischen Sänger produziert es nicht alles aus sich selbst, auch nicht ohne Plan und Regeln.

Für Platon liegt die Spinnenmetapher aber nicht nur wegen der Erfahrungen aus dem Handwerk des Spinnens und Webens und aus der homerischen Epentradition des schöpferischen Erzählens nahe, sondern auch aus mythologischen Zusammenhängen heraus. Gleich zu Beginn des *Phaidon* gibt Platon einen Hinweis auf den Mythos vom Ariadnefaden. Sokrates habe zwischen seiner Verurteilung und Hinrichtung nur deswegen so viel Zeit zum Philosophieren gehabt, weil in Athen so lange keine »Befleckung« stattfinden durfte, wie das Schiff zum Dankopfer für den Gott Apollon nach Delos nicht zurückgekehrt war (*Phaidon* 58 a–d; *Kriton* 43 c f.). Auch sonst betont Sokrates, daß er sein Philosophieren als kritische Wahrheitssuche nur im Auftrag Apollons betreibe, als Geschenk an die Stadt Athen, die ihn gerade deswegen anklage (*Apologie* 23 b, 30 a). Im *Phaidon* aber ist Apollon für Sokrates nicht als Gott des Delphischen Orakels von Bedeutung, sondern als Beschützer des Helden Theseus. Der Festzug des Theseus-Schiffes galt der Erinnerung an die Heldentat des Theseus, der den Minotauros im Labyrinth erschlagen und die athenischen Geiseln befreit hatte. Die Heldentat des Theseus aber wäre ohne den rettenden Faden der Ariadne nicht möglich gewesen; und diesen hat sie von Daidalos bekommen, dem Erbauer des Labyrinths.

Der Mythos von Theseus und dem Ariadnefaden schildert nach dem Arachne-Mythos einen weiteren Versuch der Menschen, sich im Kampf mit den Göttern ihre Freiheit im Denken und Handeln zu erringen. Beides, das Labyrinth und der Ariadnefaden, sind kein Werk der Götter, sondern Menschenwerk des sagenumwobenen Handwerkers Daidalos, der den göttlichen Handwerker Hephaistos ablöst. Nach dem Mythos hatte Minos, der König von Knossos, dem Gott Poseidon einen weißen Stier als Opfer vorenthalten. Für diese Beleidigung rächte sich der Gott, indem er Persiphae, die Frau des Königs, dazu brachte, sich in den weißen Stier zu verlieben. Um ihrer Liebe zu dem Stier nachgehen zu können, bat Persiphae Daidalos um Hilfe. Daraufhin baute Daidalos »eine hohe hölzerne Kuh, überzog sie mit einer Kuhhaut und setzte sie auf in den Hufen versteckte Räder. So schob er seine Attrappe auf die Wiese in der Nähe von Gortys, wo Poseidons Bulle zwischen den Kühen des Minos weidete. Er zeigte Persiphae, wie sie die Klapptür im Rücken der Kuh öffnen, in das Gestell hineinschlüpfen und ihre Beine in dessen Hinterteil verbergen könne. Dann zog er sich diskret zurück. Bald kam der weiße Stier angetrottet und bestieg die Kuh. So wurde Persiphaes Begierde befriedigt, und sie gebar später den Minotauros, ein Ungeheuer mit dem Kopf eines Stieres und der Gestalt eines Menschen.«[8]

Um aber die Schande seiner Frau verborgen zu halten, befahl Minos Daidalos, das Labyrinth zu bauen, und verbannte Persiphae sowie ihren Sohn Minotauros dorthin. In der Mitte des Labyrinths lauerte der Stiermensch fortan wie eine Spinne im Netz auf Beute. Vermutlich, so Ranke-Graves, hatte der historische König Kretas zur Zeit der kretisch-mykenischen Kultur im zweiten vorchristlichen Jahrtausend auch Athen unterjocht. Deshalb mußte ihm Athen alle neun Jahre die auch im *Phaidon* erwähnten »zweimal sieben« Jungfrauen und Jünglinge als Tribut für den Minotauros schicken. Theseus stellte sich nach der

Sage bei der dritten Opfersendung als Geisel zur Verfügung. Falls es ihm gelänge, den Minotauros zu töten, sollten er und die übrigen Geiseln freikommen.

Auf Kreta verliebte sich Minos' Tochter Ariadne in Theseus und bot ihm ihre Hilfe an: »Ariadne hatte von Daidalos, als er noch in Kreta lebte, ein magisches Wollknäuel erhalten. Auch hatte er ihr gezeigt, wie sie damit im Labyrinth ein- und ausgehen könnte. Sie sollte die Eingangstür öffnen und das eine Ende des Fadens an den Türstock binden. Dann sollte sie das Knäuel langsam abrollen. Es würde beim Weitergehen kleiner werden und schließlich würde sie zu der innersten Kammer des Labyrinths, wo sich Minotauros befände, kommen. Dieses Wollknäuel gab Ariadne dem Theseus. Sie erklärte ihm, daß er immer weitergehen und dabei den Faden abrollen müsse, bis er zum schlafenden Ungeheuer käme. Dieses müßte er bei den Haaren packen und dem Poseidon opfern. Der Faden würde ihm dann den Rückweg zeigen, wenn er das Knäuel wieder aufrolle.«[9] Als Erbauer des Labyrinths kannte Daidalos auch dessen Irrwege und Auswege und konnte Ariadne den rettenden Faden geben, den sie wiederum an den Helden Theseus weitergab.

Alle drei aber mußten, wie Arachne im Wettkampf mit Athene, ihr Aufbegehren gegen die Götter büßen – der Sieg des Logos blieb ambivalent. Theseus floh mit Ariadne vor der Rache des König Minos von Kreta; er mußte aber, wie eine Version der Sage berichtet, Ariadne dem drohenden Dionysos auf Naxos zurücklassen. Nach dem Dankopfer an Apollon auf Delos stürzte sich schließlich sein Vater aus Gram zu Tode, als sich Theseus statt mit dem verabredeten weißen Segel im Falle eines Sieges versehentlich mit einem schwarzen Segel Athen näherte. Auch Daidalos hatte vor der Rache des Königs Minos aus Kreta fliehen müssen, als dieser erfuhr, daß er für seine Frau Persiphae die Kuh-Attrappe gebaut hatte. Als Daidalos mit seinem Sohn Ikaros von Kreta fliehen wollte, kam dieser mit seinen Wachsflügeln trotz der Warnungen seines Vaters zu nahe an das Sonnenfeuer. Dadurch schmolz das

Wachs und Ikaros stürzte zu Tode; Daidalos aber konnte entkommen.

Außer im *Phaidon* gibt auch der Dialog *Euthyphron* einen Hinweis auf die mythologischen Auseinandersetzungen um das Labyrinth. Sokrates vergleicht dort seine eigene Dialogtätigkeit mit der des Handwerkskünstlers Daidalos und nennt ihn sogar seinen »Ahnherren«. Zu Dialogbeginn begegnet Sokrates vor dem Athener Gerichtsgebäude dem Priester Euthyphron. Beide sind in einen Prozeß verwickelt: Sokrates ist von Meletos der Jugendverderbung und Gottesleugnung angeklagt, Euthyphron dagegen klagt seinen Vater des Totschlags an. Sein Vater habe einen Sklaven in eine Grube werfen lassen, weil dieser einen Mitsklaven im Streit erschlagen hatte. Als er dann zunächst von einem Priester beim Sakralkollegium eine Rechtsauskunft einholen wollte, sei der gefangene Sklave in der Zwischenzeit vor Hunger und Kälte umgekommen. Nach Euthyphrons Auffassung hat der Vater den Tod verschuldet und muß deshalb wegen Totschlags angezeigt werden. Während der Vater und die übrigen Verwandten auf Euthyphron zornig sind, weil er seinen eigenen Vater anzeige und unfromm handele, ist dieser davon überzeugt, daß er mit seiner Anzeige gerade fromm und im Sinne der Götter handele. Ein Verbrechen muß gesühnt und angezeigt werden, unbeschadet der Person. Schließlich glaubt sich Euthyphron als Priester auf diesem Gebiet auszukennen.

Für seine Überzeugung beruft er sich auf Homer als Wissensquelle und Autorität. In der Tat hat Homer, wie Platon im *Staat* kritisch feststellt, »Griechenland erzogen« (*Staat* 606 e). Die Situation ist typisch für die sokratischen Dialoge: zur Prüfung stehen in konkreten Handlungszusammenhängen Wissensansprüche von Vertretern der traditionellen, öffentlichkeitswirksamen Meinung an, hier der Priesterschaft. Die vermeintliche Sicherheit des Handelns hat aber schon längst keinen Bestand mehr. Die leitenden Wertvorstellungen sowie die Orientierung an einer Wissensform bloßer Tradition – vor allem Homers und der Konventionen der Polis – haben keine selbstverständliche Geltung mehr, weil die ausgedehnten Reisen und Gründungen von Handlungsniederlassungen die Wertvorstellungen der jeweiligen Polis und ihre Wissensbasis relativiert hatten. Durch den jahrzehntelangen Peloponnesischen Krieg, den die Athener zur Prozeßzeit des Sokrates gegen Sparta gerade verloren hatten, kamen die herkömmlichen Orientierungen zusätzlich durcheinander: »ganz Hellas geriet in Bewegung« (Thukydides, *Historien* III, 82).

Auch Euthyphron kann als Beweis für die Richtigkeit seiner Handlung nicht einfach auf das Vorbild der Götter Homers hinweisen. Zwar hat auch Zeus, wie Euthyphron seine eigene Handlung rechtfertigt, tatsächlich seinen eigenen Vater Kronos nicht geschont und ihn gefesselt, weil er seine Söhne verschlungen hatte, aber die Götter selber liegen bei Homer ständig im Streit über das, was richtig oder falsch ist. So ist auch in diesem und in anderen Fällen »das Gottgefällige« durchaus umstritten, wie Sokrates leicht bei Homer selbst nachweisen kann. Das Fromme kann daher nicht, wie Euthyphron behauptet und für seinen Fall beansprucht, »das Gottgefällige«, sein, und Homer kann nicht als Wissensquelle und Rechtfertigung dienen.

Sokrates drängt Euthyphron durch sein Nachfragen immer weiter in die Enge, bis dieser schließlich ungeduldig wird: »Aber ich weiß nicht, was ich dir sagen soll, was ich denke. Denn wovon wir auch ausgehen, das geht uns ja immer herum und will nicht bleiben, wohin wir es gestellt haben.« Sokrates erinnert jedoch daran, daß es nicht um seine eigenen Behauptungen gehe, die in Bewegung gerieten, sondern um die des Euthyphron. In diesem Zusammenhang bringt er Daidalos ins Spiel: »Das wäre ja meines Ahnherrn, des Daidalos, Kunst, was du da beschreibst. Wenn also ich dies gesagt und gesetzt hätte, so würdest du mich wohl verspotten, daß auch mir wegen der Verwandtschaft mit ihm meine Wortgebilde davongingen und nicht stehen bleiben wollten, wohin sie einer auch stellt. Nun aber, denn die Grundlagen (hypotheseis) sind ja deine, brauchen wir einen anderen Scherz« (*Euthyphron* 11 b–c).

Mit dem »Ahnherrn« Daidalos spielt Sokrates auf seinen Vater Sophroniskos an. Daidalos und der Vater waren von Beruf Handwerker, Steinmetz und Bildhauer, wie auch Sokrates selber. Nach der antiken Sage hat Daidalos »Puppen mit beweglichen Gliedern« hergestellt, die im Vergleich zu den sonst üblichen starren Plastiken Aufsehen erregten.[9] Die Gemeinsamkeit zwischen der Kunst des Sokrates und des Daidalos besteht darin, daß beide Bewegungsloses, Wortgebilde oder Puppen, beweglich machen; der Unterschied liegt darin, daß Daidalos eigene, Sokrates aber Produkte von anderen in Bewegung bringt. Euthyphron allerdings ist mit dieser Abgrenzung nicht einverstanden: »Dieses Herumgehen und Nicht-an-Ort-und-Stelle-Bleiben habe nicht ich in die Reden hineingelegt, sondern du, denke ich, der Daidalos. Denn meinetwegen wären sie immer so geblieben« (*Euthyphron* 11 c f.).

Auch für Sokrates ist die Bewegung der »fixen Ideen« seiner Gesprächspartner, die er wie eine Hebamme zwar auslöst, aber nicht selber vollziehen kann, kein Selbstzweck, sondern nur Vorbedingung für Einsichten, die eher Bestand haben. Erst wer sein Nichtwissen einsieht, kann weitersuchen. Während aber Euthyphron so tut, als ob man seine Behauptungen beliebig »bewegen« und wechseln könnte, kommt es Sokrates auf eine kritische Wissensprüfung und begründete Einsicht an. Nicht bloßer Wortstreit und aporetische Verunsicherung ist Ziel der sokratischen Dialogpraxis, sondern die Wahrheit herauszufinden: »Und eben das ist die rechte Feinheit in meiner Kunst, daß ich wider Willen kunstreich bin. Denn ich wollte ja weit lieber, daß die Reden mir blieben und unbeweglich ständen, als daß ich zu der Weisheit des Daidalos hernach auch den Reichtum des Tantalos bekäme« (*Euthyphron* 11 d f.).

Daß uns die Wahrheit wie die Früchte des Tantalos immer wieder entgeht, läßt sich nicht vermeiden. Dennoch ist Sokrates davon überzeugt, daß jeder im Grunde ein Wissen von den »wichtigsten Dingen« oder vom »guten Leben« hat, daß jedoch das jeweilige, vermeintliche Wissen erst auf dieses Grund-Wissen hin geprüft werden muß (*Apologie* 22 d). Weder Homer noch die Philosophie aber kann ein festes Wissen als sicheren Ariadnefaden bereitlegen, sondern sie kann lediglich dabei helfen, die eigenen Fäden weiterzuspinnen. Das Wissen von den »wichtigsten Dingen«, etwa was »fromm« oder »gerecht« ist, kann uns keine äußere Autorität verkünden, sondern wir müssen und können es selber herausfinden. Sokrates versucht dabei den unsicheren Bewegungen oder Meinungen seiner Gesprächspartner einen Halt zu geben, indem er auf logischer und begrifflicher Klarheit besteht, etwa auf Widerspruchsfreiheit, Haltbarkeit von Verallgemeinerungen oder Korrektheit von Begriffseinteilungen – die handwerkliche Genauigkeit des Spinnens und die »geometrische Bauart« des Spinnennetzes. Außerdem erinnert Sokrates an Erfahrungen der Gesprächsteilnehmer, die ihre eingeschränkten Sichtweisen erweitern; vor allem aber erinnert er sie daran, daß sie im Grunde »das Gute« schon wissen – das Spinnen aus dem Bauch.

Zwar kann die sokratische Dialogkunst vordergründig nur ein unhaltbares Wissen aufdecken und »fixe Ideen« in Bewegung bringen, sie macht aber im Prozeß der kritischen Wissensprüfung immer schon in Umrissen Gebrauch vom Wissen der »Idee« selbst. Auch aus dem Dialog mit Euthyphron wird bei allem »Herumgehen und Nicht-an-Ort-und-Stelle-Bleiben« die eine Grundidee sichtbar, daß etwas nicht deswegen fromm ist, weil es »gottgefällig« ist, sondern daß umgekehrt etwas »gottgefällig« ist, weil es fromm ist. »Was frommt« oder gerecht ist, hängt nicht von praktischen Folgen wie der »Gottgefälligkeit« ab, sondern ist ein Wert in sich.

Wenn wir nach Art der sokratischen Dialogkunst unseren eigenen Ariadnefaden spinnen, bleibt dies trotzdem ein »Wagnis«, bei dem wir immer wieder in ein »neues Labyrinth« geraten (*Euthydem* 291 b). Zwar konnte Daidalos aus eigener Kraft das Labyrinth bauen und Ariadne das rettende Wollknäuel geben, auch konnte sich Theseus mit Hilfe des Ariadnefadens im Labyrinth orientieren; aber sie alle mußten ihren Versuch, sich von den Göttern zu befreien und auf das eigene kreative Denken und Handeln zu setzen, mit Unglück bezahlen. Der Logos ist, worauf auch Colli in seiner Deutung des Mythos vom Ariadnefaden Wert legt, ein unsicheres und letztlich undurchschaubares Unternehmen. Dennoch müssen und können wir mit Hilfe des Logos »wie auf einem Floß unter Gefahren versuchen, durch das Leben zu schwimmen, wenn einer nicht sicherer und gefahrloser auf einem festen Fahrzeuge oder einem göttlichen Logos reisen kann« (*Phaidon* 85 d). Sokrates hat nicht naiv ein Floß mit einem »festen Fahrzeug« verwechselt. Bei ihm konnte nicht, wie in postmoderner »Misologie«, eine naive Vernunftgläubigkeit notwendigerweise enttäuscht werden und in einen Vernunftunglauben umschlagen.

IV. Fangnetz der Hetäre und Spinnenkuß

Vernunft und Gefühle bei Xenophon und in der Psychoanalyse

Wie weit können wir uns auf unsere Vernunft als Spinnen mit dem Kopf verlassen und welchen Anteil haben dabei die Gefühle oder das Spinnen aus dem Bauch heraus? Nach einer extrem rationalistischen Einstellung, die häufig als »sokratischer Intellektualismus« bezeichnet wird, haben wir unser Handeln vollständig unter Kontrolle, und auch die Gefühle lassen sich vernünftig erklären und steuern. Daß diese Einstellung einfach nicht haltbar ist, wissen wir nicht erst durch Freuds Psychoanalyse, sondern wir können es auch aus unserer Lebenserfahrung heraus belegen. Dennoch scheint zu Beginn unserer Vernunftgeschichte das Vertrauen in die aufklärende und steuernde Kraft der Vernunft so überwältigend gewesen zu sein, daß die Annahme eines »sokratischen Rationalismus« nahelag. Da Sokrates selber nichts geschrieben und höchst unterschiedliche Schüler und Bewunderer gehabt hat, eignet er sich im nachhinein besonders gut als Projektionsfläche für die eigenen Überzeugungen. Der Philosoph Platon sieht Sokrates anders als der Komödiendichter Aristophanes in den *Wolken*. Und Xenophon, der Offizier, Landwirt und Sportsmann, versucht in seinen *Erinnerungen an Sokrates (Memorabilien)* den Athenern zu beweisen, daß sein Lehrer Sokrates ein ganz vernünftiger, praktischer und anständiger Bürger der Polis war, der sogar recht konkrete und brauchbare Ratschläge erteilt hat. Ein solcher Mann konnte aus dem Blickwinkel Xenophons heraus auf keinen Fall ein bloß harmloser oder sogar gefährlicher Spinner gewesen sein. Die Bürger Athens hätten Sokrates demnach zu Unrecht hingerichtet.

Zu den verschiedenen Situationen, in denen Sokrates bei Xenophon als vernünftiger Polisbürger auftritt, gehören auch seine Ratschläge an die Hetäre Theodote. Sokrates fragte sie: »Überläßt du es dem Zufall, ob ein Freund wie eine Mücke zu dir herfliegt, oder tust du selber auch etwas dafür?« – »Wie könnte ich wohl ein Mittel finden, um nachzuhelfen?« – »Nun, wahrhaftig, mit weit besserem Recht als die Spinnen; denn diese machen, wie du weißt, Jagd auf ihre Nahrung; sie weben feine Netze, und das, was da hineingerät, muß ihnen zur Nahrung dienen.« – »Du willst also auch mir den Rat geben, eine Art Fangnetz zu weben?« (...) – »Nun, wie wär's«, erwiderte Sokrates, »wenn du dir statt eines Hundes jemand anschafftest, der dir die Liebhaber des Schönen und die reichen Herren aufspüren könnte, und der dann alle Mittel ersinnt, sie in deine Netze zu treiben?« – »Und was habe ich denn für Netze?« – »Eins jedenfalls, und zwar eins, das vortrefflich geeignet ist zu umstricken, deinen Körper, und in diesem Körper hast du eine Seele, die dich erkennen läßt, wie du durch Blicke beglückst und durch Worte erfreust; die dich lehrt, den freundlich einzulassen, der sich deiner annimmt, dem übermütigen Schwelger aber die Tür zu verschließen, dich um einen kranken Freund sorgfältig zu kümmern und dich mit ihm zu freuen, wenn er etwas Schönes zuwege gebracht hat, und dem mit deinem ganzen Herzen zugetan zu sein, der sich um dich sorgt. Ich weiß sehr wohl, daß du nicht nur mit den Sinnen, sondern auch mit Verstand zu lieben verstehst; und daß dir deine Freunde wert sind, beweist du nicht nur mit Worten, sondern auch durch die Tat.« (...) Theodote darauf: »Wolltest du nicht mein Gehilfe werden, Sokrates, wenn ich auf den Freundefang ausgehe?«[1]

Sokrates als Liebesratgeber der Hetäre Theodote, der »Gottesgabe«, scheint auf den ersten Blick nicht so recht zum ernsthaften Sokrates zu passen, der im *Phaidon* über existentielle Grundfragen wie die Unsterblichkeit der Seele oder das gerechte Leben philosophiert. Darin liegt jedoch nicht eigentlich ein Widerspruch, denn das Thema »Liebe« oder »Gefühle« zählt nicht weniger zu den existentiellen Grundfragen. Hinzu kommt, daß beides bei Platon nicht nur ein zentrales Thema der Philosophie, sondern auch ihre Hauptantriebskraft ist. Vernunft und Gefühle werden bei ihm nicht getrennt gesehen.

Ganz anders dagegen stellt sich für Xenophons Sokrates das Verhältnis von Vernunft und Gefühlen dar. Zwar lenkt auch er den Blick vom schönen Körper Theodotes auf ihre schöne Seele, diese aber soll als Sitz der Vernunft den Körper als Sitz der Gefühle beherrschen, nicht aber selber an den Gefühlen teilhaben, etwa als »philosophischer Eros« oder als lustvolles Leben des Geistes (Platon, *Philebos*). Xenophons Vergleich der Seele mit dem Fangnetz der Spinne findet sich auch in der zeitgenössischen Kulturphilosophie Demokrits. Nach Demokrit sind »wir Menschen in den wichtigsten Dingen Schüler der Tiere geworden, so der Spinnen beim Weben und Nähen; der Schwalben beim Hausbau; der Singvögel, wie des Schwanes und der Nachtigall, beim Gesang – indem wir sie nachahmten« (*Fragment* B 154).

Die Unterscheidung von Körper und Seele sowie die Vorrangstellung der Seele als Steuerungsorgan des gesamten Menschen findet man bereits vor Demokrit und Xenophon in den anthropologischen Überlegungen Heraklits, auch hier wieder verbunden mit der Spinnenmetapher: »Wie die Spinne, die in der Mitte ihres Netzes sitzt, merkt, sobald eine Fliege irgendeinen Faden ihres Netzes zerstört, und darum schnell dahin eilt, als ob sie um die Zerreißung des Fadens sich härmte, so wandert des Menschen Seele bei der Verletzung irgendeines Körperteils rasch dahin, als ob sie über die Verletzung des Körpers, mit dem sie fest und nach einem bestimmten Sinn (Verhältnis) verbunden ist, ungehalten sei« (*Fragment* B 67 a). Mit anderen Lehrstücken wird auch diese Spinnenmetapher Heraklits in der stoischen Philosophie aufgegriffen, wie Maximilian Forschner erläutert: »Das seelische Kraft- und Organisationszentrum befindet sich im Herzen. Von hier aus breitet es sich wie die Äste und Zweige eines Baumes, wie das Netz einer Spinne in spezifischen Pneumaströmungen bis zur Körperoberfläche aus, empfängt von dort spezifische Empfindungen, vereint sie, macht sie bewußt und gibt dorthin wieder Impulse. Mit dieser Metaphorik unterstreicht die Stoa sowohl die organische Einheit der Seele, den funktionalen Charakter ihrer ›Teile‹ wie die Überordnung des Hegemonikon über die anderen Organe.«[2]

Dieselbe Spinnenmetapher wie Heraklit und die Stoa benutzt auch Kant, allerdings in kritischer Absicht. In seiner Schrift *Träume eines Geistersehers* – gemeint ist Swedenborg – wendet sich Kant gegen die mechanistische Auffassung der Seele, die als ein Teil unter anderen Körperteilen die gesamte »Maschine« Mensch steuere. Eine derartige Auffassung charakterisiert Kant mit der Spinnenmetapher: »Die Seele des Menschen hat ihren Sitz im Gehirne, und ein unbeschreiblich kleiner Platz in demselben ist ihr Aufenthalt. Daselbst empfindet sie, wie die Spinne im Mittelpunkt ihres Gewebes. Die Nerven des Gehirnes stoßen oder erschüttern sie, dadurch verursachen sie aber, daß nicht dieser unmittelbare Eindruck, sondern der, so auf ganz entlegene Teile des Körpers geschieht, jedoch als ein außerhalb dem Gehirne gegenwärtiges Objekt vorgestellt wird. Aus diesem Sitze bewegt sie auch die Seile und Hebel der ganzen Maschine, und verursacht willkürliche Bewegungen nach ihrem Belieben. Dergleichen Sätze lassen sich nur sehr seichte, oder gar nicht beweisen, und, weil die Natur der Seele im Grunde nicht bekannt genug ist, auch nur eben so schwach widerlegen.«[3] Kant kritisiert nicht die Spinnen- oder Mechanikmetapher der Seele als solche, sondern ihren Gebrauch für eine unhaltbare Auffassung von der Seele.

Bei Xenophon dagegen liegt der Spinnenmetapher keine spezielle Auffassung von der Seele zugrunde. Er stellt sich die Seele lediglich als Steuerinstanz des Körpers vor, darüber hinaus als Herrschaftsmittel über die Gefühle. Noch deutlicher als im Gespräch mit Theodote wird Xenophons Abwehr gefährlicher Liebesgefühle, wenn er Sokrates, ebenfalls in den *Memorabilien*, vor den Folgen warnen läßt, die der Kuß eines schönen Jünglings nach sich ziehe: »Weißt du nicht, daß die Giftspinnen, die kaum größer sind als ein halber Obolos, durch die bloße Berührung ihres Mundes den Menschen die heftigsten Schmerzen verursachen und ihnen die Besinnung rauben?« – Darauf Xenophon: »Die Giftspinne flößt ihnen ja mit dem Biß Gift ein.« Sokrates: »Du Tor, glaubst du denn nicht, daß die Schönen mit ihrem Kuß etwas einflößen, weil du es nicht siehst? Weißt du nicht, daß dieses Tier, das man Schönheit und Blüte nennt, noch weit gefährlicher ist als die Giftspinne? Diese kann nur durch Berührung schaden; jenes Tier dagegen flößt auch ohne zu berühren, wenn man es nur ansieht, sogar aus weiter Entfernung, ein Gift ein, das uns zur Raserei bringt. (Und vielleicht bezeichnet man auch die Liebesgötter darum als Bogenschützen, weil die Schönen auch aus der Ferne verwunden.) Darum rate ich dir, Xenophon, wenn du einen schönen Jüngling siehst, flieh aus Leibeskräften. Und dir, Kritobulos, gebe ich den Rat, für ein ganzes Jahr auf Reisen zu gehen; all diese Zeit reicht vielleicht kaum hin, dich von deinem Biß zu heilen.«[4]

Allerdings ist auch Sokrates selber nicht vom Spinnenkuß verschont worden. Im *Gastmahl* läßt Xenophon den jungen Charmides Sokrates darauf ansprechen, er habe ihn beobachtet, wie er mit Kritobulos, gemeinsam in ein Buch vertieft, »Kopf bei Kopf und nackte Schulter bei nackter Schulter« gesessen habe.[5] Sokrates leugnet diese verfängliche Situation erst gar nicht, sondern gibt obendrein zu, er habe nach diesem Vorfall, »wie von einem Tier gebissen«, fünf Tage lang heftige Schmerzen verspürt. Allerdings habe er Kritobulos deshalb aufgefordert, sich ihm erst dann wieder zu nähern, wenn sich bei ihm der Bartwuchs eingestellt habe und er weniger reizvoll für ihn geworden sei. Auch bei dem sonst eher biederen und sittenstrengen Xenophon ist Sokrates durchaus nicht unempfindlich gegenüber Liebesreizen, ist aber auf Abstand oder »Besonnenheit« bedacht. Besonnenheit als Selbstbeherrschung unkontrollierter Triebe ist nicht nur bei Xenophon, sondern auch bei Platon Voraussetzung für ein gerechtes politisches Handeln. Wie bei Xenophon[6] wird auch im gleichnamigen Dialog Platons der junge Charmides, ein enger Verwandter Platons, als selbstbeherrschter junger Mann dargestellt, während alle um ihn herum, auch Sokrates selber, von seiner Schönheit hingerissen sind. Später dagegen wird derselbe Charmides zu den von Sparta eingesetzten Dreißig Tyrannen Athens gehören. Offensichtlich hat er von Sokrates nicht gelernt, sich selbst zu beherrschen.

Während Xenophon die Selbstbeherrschung des Sokrates eher moralisierend schildert, hebt Montaigne am Spinnenkuß aus Xenophons *Gastmahl* beides hervor, die Genußfähigkeit des Sokrates und seine kluge Besonnenheit: »So vermag eine Berührung, von ungefähr dazu, und bei der Schulter, eine erkaltete und vom Alter entkräftete Seele zu befeuern und aus der Fassung zu bringen, und die geläutertste aller Menschenseelen! Und warum nicht, beim Henker? Sokrates war ein Mensch; und wollte weder etwas anderes sein noch scheinen. Die Philosophie kämpft nicht gegen die natürlichen Lüste an, wenn sie Maß halten und sie lehrt, sie zu dämpfen, nicht sie zu fliehen: sie bietet die Macht ihres Einspruchs gegen die abseitigen und entarteten Lüste auf.«[7]

In Platons *Symposion* dagegen werden die Leidenschaften nicht nur negativ, wie bei Xenophon, als Hindernis eines vernünftigen Lebens gesehen oder wohlwollend, wie bei Montaigne, als die menschliche Seite des Philosophen toleriert, sondern als notwendig für das Philosophieren selbst betont. Die »platonische Liebe« ist keineswegs Auffassung Platons, sondern Xenophons. Platons Sokrates geht den »Weg zum Schönen selbst« durch die enthusiastischen Erfahrungen mit dem sinnlich schönen Körper hindurch; und auch der Seelenwagen im *Phaidros* (246 a f.) wird zwar von der Vernunft gelenkt, aber von den Leidenschaften angetrieben, nicht nur von den gezähmten, sondern auch von den wilden Pferden. Der erotische Grundzug seines Philosophierens, die Leidenschaft der Erkenntnis, die sich letztlich auf das Einssein mit dem schönen, harmonischen Kosmos richtet, ist für Platons Philosophie wesentlich, im Gegensatz zur christlich-manichäischen Rezeption eines sinnesfeindlichen Platonismus. Nach Xenophon kann und soll die Spinnenphobie in vernünftige Bahnen gelenkt werden. Nach Platon dagegen bleibt auch die Vernunft auf die Macht der Gefühle und des Eros angewiesen. Die lenkende Vernunft des Seelenwagens wird von den gemäßigten und ungezügelten Leidenschaften angetrieben, den gezähmten und wilden Pferden – Leidenschaften ohne Vernunft sind blind, Vernunft ohne Leidenschaften ist kraftlos.

Bei Xenophon ist von der Idee mitreißender Schönheit auf dem Weg zum Einssein mit dem Kosmos lediglich die Angst vor dem Verlust der Sicherheit konventionellen, »besonnenen« Verhaltens zu finden. Ganz konnte und mochte zwar auch sein Sokrates nicht den Fangnetzen und Spinnenküssen entkommen, kalkulierte aber das Risiko im Umgang mit dem Schönen stets mit ein. Sein Umgang mit dem Unvernünftigen blieb vernünftig. Offensichtlich verstehen Platon und Xenophon unter »Vernunft« etwas völlig Verschiedenes. Nach Platon wäre es vernünftig, den schönen Körper nicht ohne die schöne Seele zu lieben, nach Xenophon dagegen, die schöne Seele ohne den schönen Körper zu lieben.

Fangnetz und Spinnenkuß sind bei Xenophon Symbol für die zugleich lockende und gefährliche Macht der Sexualität. Bis heute ist die Angst oder der Ekel vor Spinnen bei Kindern und Erwachsenen, Frauen und Männern gleichermaßen weit verbreitet. In Jeremias Gotthelfs gleichnamiger Erzählung steht *Die schwarze Spinne* sogar für das Böse in der Welt schlechthin, für die explosive Mischung von Teufel, Pest und Sexualität.[8] Ähnlich wie Xenophon glaubt auch Kant in einem aufklärerischen Vernunftoptimismus an eine Überwindung der Spinnenphobie. In seiner Vorlesung zur Pädagogik erklärt er sie als Produkt falscher Erziehung, das entsprechend umgekehrt durch eine richtige, vernünftig aufgeklärte Erziehung wieder rückgängig gemacht werden könnte: »Die Kinder möchten gewiß nach den Spinnen ebenso wie nach andern Dingen greifen. Weil aber die Ammen, sobald sie eine Spinne sehen, ihren Abscheu durch Mienen bezeigen: so wirkt dies durch eine gewisse Sympathie auf das Kind. Viele behalten diese Furcht ihr ganzes Leben hindurch und bleiben darin immer kindisch. Denn Spinnen sind zwar den Fliegen gefährlich und ihr Biß ist für sie giftig, dem Menschen schaden sie aber nicht.«[9]

In der Psychoanalyse dagegen wird die Erklärung der Spinnenphobie als Ergebnis falscher Information über ihre tatsächliche Gefährlichkeit angezweifelt. Karl Abraham etwa behauptet in seiner Untersuchung *Die Spinne als Traumsymbol* (1922) einen Zusammenhang zwischen der Angst vor Spinnen und der Angst vor Sexualität. Aufgrund der Analyse von Träumen eines Patienten glaubt Abraham folgende Erklärung gefunden zu haben: »Die Spinne stellt zunächst die böse (vermännlichte) Mutter dar, sodann das ihr angedichtete männliche Genitale. Das Spinnengewebe repräsentiert die weibliche Schambehaarung; der einzelne Faden hat männlich-genitale Bedeutung.«[10] In dieser Erklärung sieht sich Abraham zusätzlich durch eine Traumzeichnung eines Patienten bestärkt. Der Patient habe selber in seiner Zeichnung »die länglichovale Form der äußeren weiblichen Genitalien und ihre Behaarung, in der Mitte der Zeichnung aber (Körper der Spinne) ein Gebilde von unleugbarer Penisähnlichkeit« gesehen.[11] In einem Nachtrag fügt Abraham die »typische Phantasie vom Verlust des Penis im Geschlechtsakt« als Erklärung hinzu. Außerdem gibt er als mündliche Diskussionsbemerkung Sigmund Freuds wieder, daß die weibliche Spinne der männlichen an Größe und Kraft weit überlegen sei und das Männchen in größte Gefahr komme, vom Weibchen nach dem Geschlechtsakt verschlungen zu werden.[12]

Wie eine Bestätigung der psychoanalytischen Erklärung der Spinnenphobie klingt Hans Peter Duerrs Hinweis auf

»Vermutungen, es habe dereinst Zeiten gegeben, in denen die kleinasiatische Artemis spinnengleich ihre Günstlinge in eine Felshöhle holte, um sie nach vollendetem Beischlaf zu töten«[13]. Außerdem berichtet Duerr: »Im Großarltal im Salzburgischen beispielsweise bildeten die Spinnstubenfrauen Organisationen, die von der Bevölkerung geradezu als ›dämonische Gruppen‹ aufgefaßt wurden und die zu gewissen Zeiten einem Mann, wenn sie seiner habhaft werden konnten, die Hosen auszogen und ihm die Kastration androhten.«[14]

Bei Xenophon und in der psychoanalytischen Erklärung hat die Spinne lediglich etwas Bedrohliches. Im französischen Liebesspiel »pattes d'araignee« dagegen ist sie inspirierend für die Kunst der Liebe. Das Liebesspiel »Spinnenbeine« ist nach Alex Comfort »eine angenehm erregende erotische Massage mit den Fingerkuppen, möglichst leicht, weniger darauf zielend, die Haut, als die fast unsichtbaren Hauthaare zu reizen; nicht auf den Genitalien, sondern an allen nächst empfindlichen Stellen.«[15]

V. Lebensfäden der mächtigen Spinnerinnen

Homer und Platon über Freiheit und Notwendigkeit

Am Schluß von Platons *Staat*, dem Dialog über das gerechte Leben des einzelnen und der Polis, erzählt Sokrates vom kleinasiatischen Pamphylier Er. Dieser war im Krieg gefallen, erwachte aber auf dem Scheiterhaufen wieder zum Leben und berichtet von seinen Erlebnissen im Jenseits. Dort hatte der Pamphylier erfahren, welches Schicksal auf die gerechten und ungerechten Menschen wartet.[1] Als er mit den anderen Seelen ins Jenseits gekommen sei, hätten Richter ihr Urteil über die gerechten und ungerechten Seelen gesprochen und die einen nach oben zum Himmel, die anderen auf eine tausendjährige Wanderung unter die Erde geschickt. Er selber aber sei von ihnen zum »Boten für die Menschen über das Jenseits« bestimmt worden. Der Pamphylier berichtet außerdem, wie andere Seelen von ihrem Aufenthalt aus dem Himmel und unter der Erde zurückgekommen sind und im Jenseits ihr Los für ein erneutes Leben gewählt haben. In ihrer Wahl des Lebensloses ist das Schicksal des Weltganzen und des einzelnen eng miteinander verbunden, wie der Spinnfaden und die Spindel. Im Mythos des Pamphyliers Er vergleicht Platon das Weltganze mit einer riesigen Spindel. Es setze sich als wulstiger Wirtel oder Spulenring aus den Scheiben der Planetenbahnen, der Fixsternbahnen und der Mondbahn zusammen. Mitten durch die Wirtelscheiben ziehe sich die Weltachse hindurch, die sich wie eine Spindel »im Schoße der Notwendigkeit (ananke) dreht« und an die das Lebenslos des einzelnen festgebunden werde.

Das Weltganze ist im Mythos des Pamphyliers, hierin pythagoräischer Tradition folgend, nach Größe, Farbe und Klang der verschiedenen Teile aufeinander abgestimmt. Die dabei angewandten mathematischen Gesetze werden in Platons Dialog *Timaios* genauer erläutert. In einem derartig festgefügten Kosmos scheint für den einzelnen kein Platz für Abweichungen zu sein, alles ist vielmehr der obersten Schicksalsgöttin Ananke unterworfen. Die vom Pamphylier Er berichtete freie Wahl des Lebensloses wäre dann unmöglich, und ein Richtspruch über gerechte und ungerechte Seelen wäre sinnlos. Wenn aber, wie Sokrates und Platon überzeugt sind, vom Menschen ein gerechtes oder gutes Leben verlangt wird und jeder, selbst der Tyrann, im Grunde genommen danach strebt (vgl. *Gorgias* 466 d f.), muß dies auch möglich sein. Es muß in der Macht des Menschen liegen, sich für ein gerechtes oder ungerechtes Leben selbstverantwortlich zu entscheiden.

Nach Platon steht es im Mythos des Er jeder einzelnen Seele frei, ihr Lebenslos selber zu wählen. Um die »Spindel der Notwendigkeit« herum, so berichtet der Pamphylier, »sitzen auf je einem Thron in gleichen Abständen die drei Töchter der Notwendigkeit, die Moiren, in weißem Gewande, mit heiligen Binden im Haar: Lachesis, Klotho und Atropos. Sie stimmen ihr Lied zum Gesang der Sirenen an, Lachesis über die Vergangenheit, Klotho über die Gegenwart und Atropos über die Zukunft.« Die drei Moiren (griechisch: Anteile) mildern die Macht der Ananke ab: Sie bestimmen die drei Zeitdimensionen und den Umlauf der Spindel des Weltganzen mit, indem sie von Zeit zu Zeit in deren Umdrehung eingreifen. Vor allem aber sind sie es, von denen die Seelen ihren Lebensfaden nach eigener Entscheidung erhalten, wie Er fortfährt: »Ein Götterherold stellte sie der Reihe nach auf, dann nahm er vom Schoße der Lachesis Lose und Lebensarten, schritt auf eine hohe Bühne und sprach: ›Der Jungfrau Lachesis, der Tochter der Notwendigkeit, Spruch: Eintagswesen, ein Anfang des zweiten todbringenden Umlaufs des sterblichen Geschlechts! Nicht euch wird ein Daimon erlosen, sondern ihr wählt euch euren Daimon. Wer als erster erlost, wählt als erster das Leben, mit dem er aus Notwendigkeit zusammensein wird. Die Vollkommenheit (arete) aber ist herrenlos, wer sie ehrt oder ablehnt, hat mehr oder weniger Anteil an ihr. Die Schuld liegt beim Wählenden, Gott ist schuldlos.‹ «

Jeder kann seine Lebensform frei wählen, ob die eines Tyrannen, Athleten, Philosophen oder Tieres. Außerdem kann er innerhalb jeder Lebensform, auch als Tyrann, an der Vollkommenheit teilhaben. Sie ist nicht als eine unter den anderen Lebensformen wählbar, sondern sie ist »herrenlos« und grundsätzlich für jeden erreichbar. Allerdings ist die freie Wahl in mehrfacher Hinsicht eingeschränkt. Eine erste Einschränkung liegt in der zufällig erlosten Reihenfolge der Wahl, insofern die zuletzt Wählenden nicht mehr dieselbe reichliche Auswahl wie ihre Vorgänger haben. Außerdem hängt die Wahl davon ab, in welcher Weise die Seelen vorher gelebt haben. Ein Tyrann beispielsweise wird nicht plötzlich Philosoph werden wollen – wie durch eine ausgleichende Gerechtigkeit. (Wie aber ist in der Kette der vielen vorangegangenen Leben die erste Wahl eines gerechten oder ungerechten Lebens zu erklären, und wer hat am ersten Anfang schuld?) Allerdings können wir aus Erfahrung lernen. So wählen die büßenden Seelen nach ihrer unterirdischen Wanderung oft überlegter als die Seelen, die aus dem Himmel kommen, »weil sie die Leiden an sich erfahren und an anderen gesehen haben«. Schließlich ist die Freiheit der Seelen dadurch eingeschränkt, daß sie sich nach ihrer Wahl nicht mehr von ihrem Lebenslos freimachen können, sondern daran »aus Notwendigkeit« gebunden sind, genauso an die Spindel der Weltachse. Keiner kann sich aus seiner Geschichte völlig freimachen und ist mit seinen Geschichten in die Gesamtgeschichte verstrickt.

Auch die drei Spinnenfrauen haben sich zwar von der Ananke gelöst und lassen die menschliche Seele ihren Lebensfaden selber wählen, sie bleiben aber mit der Ananke verbunden und binden auch den menschlichen Lebensfaden an sie zurück: »Als nun alle Seelen ihr Leben gewählt hatten, gingen sie in der Reihe ihrer Wahl zu Lachesis: sie gab jedem den Daimon, den er sich gewählt hatte, als Wächter fürs Leben mit und als Vollstrecker der Wahl.

Dieser führte sie als erstes zu Klotho, dicht an ihre Hand und die kreisende Spindel, um dort das gewählte Los gültig zu machen. Dann faßte er sie an und führte sie zum Spinnrocken der Atropos, um den zugesponnenen Lebensfaden unabwendbar zu machen.«

Aus dem Bericht des Pamphyliers wird nicht klar, wer die Lebensfäden eigentlich spinnt, bevor sie zur Wahl freigegeben werden. Das gesamte Bild legt aber die Vorstellung nahe, daß die drei Spinnenfrauen die Fäden spinnen, und deutlich nehmen sie ihn nach der Wahl wieder fest in die Hand. Lachesis ist es, von der die Seele letztlich ihren Daimon als Bewacher erhält (griechisch lagchano: erlosen), Klotho, die den Lebensfaden gültig macht oder zuspinnt (klotho: spinnen), und Atropos, die ihn unabwendbar macht (atropos: unabwendbar).

Nach George Thomson haben die mythologischen Vorstellungen von den drei Spinnerinnen in der Tätigkeit der Hebammen eine reale, materielle Basis: »Was war es nun, woran diese Frauen bei der Geburt eines Kindes gerade spannen? Auf diese Frage kann ich nur eine einzige Antwort finden: sie fertigten Kleidung für das Neugeborene an.«[2] Eine enge Beziehung »zwischen der Kleidung eines Menschen und seinem Leben« sieht Thomson außer beispielsweise bei den Arabern oder Bantus auch bei den antiken Griechen in der Sitte, das Neugeborene in Windeln zu wickeln und mit Amuletten zu schmücken, mit sogenannten »gnorismata, ›Kennzeichen‹, weil sie hinreichend voneinander verschieden waren, um den Träger einwandfrei identifizieren zu können«[3]. Die »Kennzeichen« wurden einem unerwünschten Kind auch bei der Aussetzung mitgegeben. Darin vermutet Thomson nicht nur den Hintergedanken eines späteren Wiederauffindens des Kindes, sondern vor allem »eine rituelle Handlung, die auf dem Glauben beruht, die Seele des Kindes wohne zum Teil auch in seiner Kleidung, die die Kennzeichen seiner Herkunft trug«[4]. Für Thomsons Vermutung kann man bei Platon eine zusätzliche Belegstelle finden. Im Dialog *Phai-*

don vergleicht Kebes den Körper mit einem Gewand, das von der Seele immer wieder neu gewebt werde; beim Tod bleibe zwar das letzte Gewand des Menschen eine Zeitlang noch erhalten, ohne daß man aber daraus auf das Fortleben der Seele als ihres Herstellers rückschließen könnte (*Phaidon*, 87a–e).

Auch im Mythos des Pamphyliers sind es die Seelen, die nicht nur ihren Körper, sondern ihr ganzes Leben bestimmen, wenn auch in Anbindung an die drei Moiren. Alle zusammen wiederum, die Moiren wie die menschlichen Seelen, sind und bleiben letztlich der Ananke unterworfen. Vor ihrem Thron muß die Seele ihre Aufwartung machen, bevor sie zum Fluß Lethe und zum Diesseits gelangt, wie der Pamphylier weiter berichtet: »Von dort ging er mit ihr geradeswegs zum Thron der Notwendigkeit und durch ihn hindurch, und als alle an ihm vorbeigekommen, zogen sie zusammen zur Ebene der Lethe.« Beim Übergang vom Jenseits ins Diesseits aber müssen die Seelen aus dem Fluß »Lethe« (»Vergessen«) trinken. Sie vergessen dabei »stets alles«, was sie im Jenseits erfahren haben.

Wir können uns jedoch, wie Platon in der Anamnesislehre im *Menon* ausführt, an die einmal erfahrene Wahrheit wiedererinnern, an die »A-letheia« (»Un-Vergessenheit«) über den Lohn des gerechten und ungerechten Lebens und wie wir die Vollkommenheit erlangen können. Je nach erwähltem Lebenslos gelingt die Erinnerung den Seelen besser oder schlechter: dem Philosophen besser, dem Tyrannen schlechter. Im Grunde aber wissen wir alle, wie es um unsere menschliche Situation bestellt ist. Wir haben zwar kein sicheres Wissen von den »wichtigsten Dingen« (*Apologie* 22d), werden aber dennoch von einer ungefähren Vorstellung von der »Idee des Guten« in unserem Leben geleitet. Wenn wir, wie in den sokratischen Dialogen, unsere jeweiligen Vorstellungen kritisch prüfen, haben wir die Erinnerung an ein vorgeburtliches Wissen als Maßstab, jedoch nie in derselben Klarheit, wie vor dem Durchschreiten des Flusses Lethe. Auch die Freiheit also, die im Philosophieren liegt, ist eingegrenzt. Wir können nicht zu einer vollkommenen Erkenntnis und einem vollkommenen Leben in der Freiheit des Geistes gelangen.

Wie in anderen Dialogen benutzt Platon am Schluß des *Staates* einen Mythos. Dadurch macht Platon in Einsicht des sokratischen Nichtwissens deutlich, daß er kein sicheres Wissen beansprucht, ohne aber einen bloß dichterischen Mythos erzählen zu wollen. Vielmehr erinnert er damit an existentielle Grunderfahrungen des Menschen, an die Entscheidung zwischen einem gerechten und ungerechten Leben und an die spannungsreiche Verknüpfung von Freiheit und Notwendigkeit. Wir sind in der Wahl unseres Lebensfadens frei, die Wahl selbst allerdings ist von unserem vorigen Leben abhängig und bestimmt unser nachfolgendes Schicksal. Auch ist das Schicksal des einzelnen mit dem Schicksal des Weltganzen verknüpft, indem jeder Lebensfaden von den drei Spinnerinnen an die Spindel der Notwendigkeit festgebunden wird. Platon verbindet diese existentiellen Grunderfahrungen mit Erfahrungen aus dem Bereich des Spinnens, die zu seiner Zeit noch weit deutlicher als für uns heute lebendig waren.

Während wir gegenwärtig eher wieder lernen müssen, die »Grenzen des Machbaren« und die Grenzen der vermeintlich schrankenlos autonomen Vernunft wahrzunehmen, ohne fatalistischen Konsequenzen zu verfallen, hat Platon überhaupt erst den Ablösungsprozeß der Menschen von blinden Mächten in der Geschichte des Denkens mit aller Kraft vorangetrieben. Ein Vergleich mit den drei Spinnenfrauen bei Homer macht sichtbar, welche Anstrengungen dies von Platon erforderte. Bei Homer läßt sich eine klare Hierarchie erkennen: über den Menschen stehen die Götter; diese wiederum werden von den drei Moiren bestimmt, den »Töchtern der Notwendigkeit« (Platon); die »Notwendigkeit« aber beherrscht alles. Offensichtlich greift Platon ganz bewußt auf die Spinnenmetapher zurück, um Homer als »Erzieher Griechenlands« (*Staat* 10, 606 e) zu kritisieren. Auch bei Homer nämlich findet sich das Bild vom Spinnen des Lebensfadens, das einer uralten, lebenserhaltenden Handarbeitserfahrung entstammt. Im Gegensatz zu Platon ist bei ihm der Mensch noch weitgehend den Göttern und der Notwendigkeit unterworfen: »Denn so haben die Götter den Schicksalsfaden für die beklagenswerte Menschheit gesponnen, daß das Leben der Menschen sorgenvoll sei, während sie selbst frei von allen Sorgen sind« (*Ilias* 24, 525 f.).

Die Götter bestimmen das Schicksal des Menschen von Geburt an, wie die guten und bösen Feen in den Volksmärchen, etwa im *Dornröschen*, oder wie die römischen Parzen und germanischen Nornen. So erinnert der König Alkinoos von Nausikaa seinen Gast Odysseus daran, was diesen bei seiner Heimkehr in Ithaka notwendigerweise erwartet: »Dort begegne ihm, was ihm das Schicksal bestimmt und die mächtigen Spinnerinnen ihm bei seiner Geburt in den werdenden Faden gesponnen« (*Odyssee* 7, 196–198). Natürlich versuchen auch bei Homer die Menschen, erst recht die Götter, an ihrer Spitze Zeus, sich gegen die Macht der Ananke und der drei Moiren aufzulehnen. Insgesamt aber können weder bei Homer noch bei Platon die Menschen den Göttern und die Götter der Ananke entkommen, wenn auch Platon wesentlich entschiedener als Homer die selbstverantwortliche Freiheit im Denken und Handeln der Menschen hervorhebt.

Die Frage, ob wir Menschen frei und selbstbestimmt denken und handeln können oder ob wir in blinder Selbsttäuschung – wie die Gefangenen in Platons Höhle (*Staat*, 7. Buch) – hinter unserem Rücken von blinden Mächten bewegt werden, formulierte auch Heinrich von Kleist in einem Brief vom 9. April 1801 an seine Verlobte mit Hilfe der Spinnenmetapher: »Ach, Wilhelmine, wir dünken uns frei, und der Zufall führt uns allgewaltig an tausend fein gesponnenen Fäden fort.«[5] In unserem Leben dominiert keineswegs das vernünftige, kreative Denken und Handeln. Wir können noch so gut über alle Gründe, Ursachen, Fakten und Zusammenhänge aufgeklärt sein, und handeln doch wider besseres Wissen ganz anders. Seit dem Beginn unserer Vernunftgeschichte haben wir einige Selbsttäuschungen überwinden gelernt, oft erkauft durch neue Selbsttäuschungen vermeintlich klarerer Selbsterkenntnis. So haben wir das Unbewußte als Teil von uns selbst zu erkennen und anzuerkennen gelernt. Die Namen Freud, Jung und Adler sind zugleich inhaltliche Anzeigen: Sexualität, Archetypen und Macht.

Die sozio-ökonomische Ideologiekritik von Marx hat ferner den Anspruch auf allgemeine, interessenlose Wahrheit als partikulares Herrschaftsinteresse entlarvt. Nach der Psychoanalyse und dem Marxismus wäre der Behaviorismus als weiterer Frontalangriff auf eine Vernunft ernstzunehmen, die sich über sich selbst täuscht. So schreibt Skinner in seinem titelwirksamen Buch *Jenseits von Freiheit und Würde*: »Eine Person, die eine ›Philosophie der Freiheit‹ besitzt, ist eine Person, die durch die Literatur der Freiheit auf eine bestimmte Weise verändert worden ist.«[6] Auf Konditionen und Determinanten unseres fremdgesteuerten Verhaltens als eines vorgeblich selbstbestimmten Handelns macht schließlich auch Luhmanns systemtheoretische Analyse von Komplexität aufmerksam. Durch die fortlaufende Entwicklung von Computerprogrammen scheint zudem eine technische Simulierung oder Ersetzung komplexer Denk- und Handlungsstrukturen in zunehmendem Maße machbar zu werden und das frei denkende und handelnde Subjekt selbst auszuschalten.[7]

Die unleugbaren Eingrenzungen der Vernunft müssen jedoch nicht ein vernunftorientiertes Denken und Handeln widerlegen. Allerdings machen sie das Spannungsverhältnis von Freiheit und Notwendigkeit in aller Schärfe deutlich. Dieses Spannungsverhältnis haben Homer und Platon im Mythos von den »mächtigen Spinnerinnen« in unterschiedlicher Akzentuierung ausgedrückt. Während Homer eher die Seite der Notwendigkeit betont, kommt es Platon auf die menschlichen Spielräume der Freiheit an. Der Mensch ist bei aller sonstigen Gebundenheit in der Wahl seines Lebensloses frei und kann seinen eigenen Faden weiterzuspinnen versuchen. Gegenwärtig droht aus diesem Versuch ein selbst produziertes, soziales und technisches Fangnetz zu werden, in dem wir unsere eigenen Beutetiere sind. *Daß* wir grundsätzlich zu kreativer Selbstbestimmung fähig sind, beweist schon die Kritik an ihren jeweiligen Einschränkungen; *ob* wir dazu allerdings auch faktisch in der Lage sind und sein werden, kann allein die Praxis zeigen – »die mächtigen Spinnerinnen« jedenfalls haben seit Homer und Platon lediglich ihren Namen gewechselt.

VI. Gedankenfäden des gemeinen Verstandes

Garves Popularphilosophie contra Systemdenken

»Drei Denker gleich einer Spinne. – In jeder philosophische Sekte folgen drei Denker in diesem Verhältnisse aufeinander: der erste erzeugt aus sich den Saft und Samen, der zweite zieht ihn zu Fäden aus und spinnt ein künstliches Netz, der dritte lauert in diesem Netz auf die, die sich hier verfangen – und sucht von der Philosophie zu leben.«[1]

Nietzsches Entwicklungsschema einzelner philosophischer Sekten oder Schulen ließe sich auf die Philosophiegeschichte generell übertragen. Philosophie als Weiterspinnen ist von Anbeginn ein ambivalentes Unterfangen. Die Anstrengung der Menschen, dem Schicksal der Notwendigkeit und dem Spruch der Götter zu entkommen, droht immer wieder aus einer Macht *der* Menschen zu einer Macht *über* die Menschen zu werden. Das Produkt verselbständigt sich gegenüber dem Prozeß und seinen Produzenten. Das Spinnen des eigenen Lebensfadens kann zum Beutenetz ideologischer Hirngespinste werden, das Leben einfängt und tötet. Diese Gefahr liegt immer dann nahe, wenn sich Philosophie aus einer freien Tätigkeit zu einem Tatbestand fixierter Fachtermini, einzelner Spezialdisziplinen und konkurrierender Denkgebäude verfestigt. Dabei stützen sich philosophische, theologische und weltliche Systeme gegenseitig. Die aristotelischen Gottesbeweise aus dem XII. Buch der *Metaphysik* beispielsweise sicherten das theologische Denkgebäude Thomas von Aquins ab, dieses wiederum diente als Stütze des mittelalterlichen Weltbildes: die Welt ist ein geschlossenes Ordnungsgefüge, in dem Himmlisches und Irdisches, Menschen, Tiere, Pflanzen und Steine einen festen Platz haben; das Ganze aber wird von der himmlischen Sphäre der Gestirne sowie von Gott als »erstem unbewegten Beweger« bewegt. In einem derartig geschlossenen System gibt es kaum eine Möglichkeit zum Weiterspinnen des eigenen Lebensfadens. Die »mächtigen Spinnerinnen« Homers und »die Spindel der Notwendigkeit« Platons haben in Form des Systemdenkens ihre alte Macht behauptet.

Nach Frankreich und England entwickelte sich gegen Ende des 17. Jahrhunderts auch in den Ländern Deutschlands mit der Aufklärungsphilosophie eine Gegenbewegung zum überkommenen Systemdenken. Bereits durch die lateinische Sprache war die Philosophie weitgehend auf die Kreise des Klerus beschränkt. Erst 1687 hielt Thomasius in Leipzig die erste deutsche Philosophievorlesung und erweckte mit seinem Kampf gegen Vorurteile, Folter und Hexenverfolgungen sowie mit seinem Eintreten für religiöse Toleranz, Meinungs- und Redefreiheit das Interesse an Philosophie auch außerhalb des Klerus in bürgerlichen Kreisen. Für die Orientierung der Bürger sah er es als nützlicher an, sich um Menschenkenntnis und Alltagsmoral zu kümmern als um komplizierte Spekulationen und Denksysteme. Seit etwa 1725 entwickelte sich neben dem Kreis um Thomasius im preußischen Halle, wohin dieser wegen seiner religionskritischen Äußerungen hatte fliehen müssen, im Anschluß an Christian Wolff eine zweite Richtung der Aufklärungsphilosophie. Während der Jurist Thomasius von alltagspraktischen Problemen ausging und als Pietist von religiösen Fragestellungen beeinflußt war, interessierte sich der Mathematiker Wolff stärker für theoretische und systematische Probleme und Denkweisen. Dabei orientierte er sich an Leibniz und versuchte, dessen Philosophie in eine klare, verständliche Form zu übersetzen.

Schließlich läßt sich ab etwa 1750 eine dritte Form der deutschen Aufklärungsphilosophie feststellen, die sich selber »Popularphilosophie« nannte, etwa bei Mendelssohn, Nicolai, Engel und Garve.[2] Denken wurde von den Popularphilosophen ganz entschieden als Selbstdenken verstanden, als Weiterspinnen der eigenen Gedankenfäden, nicht mehr als Abspulen eines vorgefertigten Ariadnefadens innerhalb eines Systemdenkens. Christian Garve, einer der bekanntesten Popularphilosophen, geht in seiner Schrift *Von der Popularität des Vortrages* (1776) der Frage nach, wie sich populäre und esoterische (»im inneren Kreis befindliche«) Philosophie zueinander verhalten. Er leugnet keineswegs den unverzichtbaren Nutzen der esoterischen Fachphilosophie; sie müsse neue, ungewohnte Gedanken ausarbeiten, notfalls zunächst auch in einer nicht allgemein verständlichen Sprache. Ausgangs- und Endpunkt aller Philosophie jedoch ist für Garve die unmittelbare menschliche Erfahrung, im Gegensatz zur axiomatischen, deduzierenden Mathematik und anderen voraussetzungsreichen Wissenschaften: »Der Philosoph wendet sich unmittelbar an gemeine Erfahrungen, aus denen er seine Sätze herleitet. Der Mathematiker und Künstler kömmt auch zuletzt auf diese gemeinen Erfahrungen, als die ersten Materialien aller Kenntnisse, zurück – aber erst durch stufenweise Auflösung der künstlichen Gewebe, welche er und seine Vorgänger aus denselben gesponnen hatten.«[3] Um das »künstliche Gewebe« wieder an die »gemeinen Erfahrungen« anzuknüpfen, seien daher bei der Mathematik und den anderen Wissenschaften (»Künsten«) um so aufwendigere Vorkenntnisse erforderlich, wie Garve fortfährt, »je weiter sich der Faden fortspinnt«. Die populäre Philosophie dagegen spreche aus der unmittelbaren Erfahrung heraus. Auch die esoterische Fachphilosophie muß sich nach Garve letztlich an dieser Erfahrung orientieren und sich auf sie zurückbeziehen. Es gebe »nothwendiger Weise, Grenzpuncte, wo diese esoterische Philosophie sich an die populäre anschließt. Irgendwo muß das künstliche System den Faden der Ideen, welchen der gemeine Menschenverstand darreicht, aufgefaßt haben.«

Nach Garve hat die esoterische Fachphilosophie ihre Basis in der populären Philosophie oder im Selbstdenken von jedermann. Daher folgt für Garve die »Popularität des Vortrages« nicht nur als Postulat aus moralischen Gründen, aus »Achtung fürs Publikum«, sondern auch aus erkenntnistheoretischen Gründen, aus »Achtung für die Wahrheit«, wie er in seinem Aufsatz unterscheidet. Zur »Popularität des Vortrages« gehören nicht nur Beispiele, klare Gliederung und ein übersichtlicher Satzbau, sondern auch eine verständliche Terminologie, wie Garve in seiner Rezension (1783) der Kantschen »Kritik der reinen Vernunft« betonte: »Die Terminologie ist der Faden der Ariadne, ohne welchen oft auch der scharfsinnigste Kopf seine Leser durch das dunkle Labyrinth abstrakter Spekulationen nicht würde durchführen können. Wenn dieser auch nicht immer deutlich sieht, so fühlt er doch zu seiner Beruhigung, daß er den Faden noch immer in seiner Hand hält, und hofft auf den Ausgang.«[4] Den Ariadnefaden einer klaren Terminologie vermißte Garve allerdings im Labyrinth des Kantschen Systems. Umgekehrt zog Garves Popularphilosophie bei vielen Kantschülern den spiegelbildlichen Vorwurf der Simplizität auf sich, der sich bis heute im negativen Beiklang von »Popularphilosophie« findet. Gegen ihre Kritik, er würde mit seiner Ablehnung des System- und Prinzipiendenkens auch Philosophie insgesamt ablehnen und selber kein Philosoph sein, wendet sich Garve in seinem Aufsatz *Von der Popularität des Vortrages*. In die allgemeinen Erfahrungen »etwas mehr Licht, Genauigkeit und Ordnung zu bringen«, sei schließlich auch »bisher Philosophie genannt« worden. Garve geht es bei seiner Verteidigung nicht in erster Linie um diesen »Titel«, wohl aber um die Anerkennung der popularphilosophischen Tätigkeit als »dem Publicum nützlich«.[5]

Im Unterschied zu seinen rigorosen Schülern akzeptierte Kant selbst Garves Forderung nach »Popularität«. In der *Vorrede* zur zweiten Auflage seiner *Kritik der reinen Vernunft* (1787) betont er Garves Bemühen um »größere Faßlichkeit« und lobt die Popularphilosophen als »verdiente Männer, die mit der Gründlichkeit der Einsicht noch das Talent einer lichtvollen Darstellung (dessen ich mir eben nicht bewußt bin) so glücklich verbinden« (B XLII ff.). Auch bezeichnet er in der *Vorrede* zur *Metaphy-*

sik der Sitten (1797) Garve ausdrücklich als »Philosophen in der echten Bedeutung des Wortes«, nämlich als »weisen Mann« (AB V). Allerdings steht Kant der Popularphilosophie nicht uneingeschränkt positiv gegenüber. Zwar billigt er ihr Bemühen um »größere Faßlichkeit«, lehnt aber ihre erkenntnistheoretische Fundierung prinzipiell ab. In der Tat ist Garves Ansatz, der sich vor allem an die englischen Empiristen wie Hume und Shaftesbury anlehnt, nicht unproblematisch. Die »gemeine Erfahrung« als normativer Bezugspunkt der Wahrheit ist in sich widersprüchlich und klärungsbedürftig. Dies hat auch Garve gesehen, ohne allerdings mit Kant dessen Prinzipienklärung zu teilen. Er wies in seinem Aufsatz der »esoterischen« Philosophie durchaus eine notwendige Hilfsfunktion der Gedankenklärung zu, die er zunächst nur den gebildeten Schichten zutraute. In der Tat hatte es Garve im 18. Jahrhundert mit dem Problem unterschiedlicher Sprachdialekte und recht rudimentärer Lese- und Schreibfähigkeiten zu tun, die es erst, wie in der Aufklärungspädagogik, zu bilden galt. Die »gemeine Erfahrung« war auch für Garve nicht uneingeschränkte Erkenntnisbasis.

Dennoch läßt sich ein grundlegender Unterschied zwischen Garve und Kant nicht übersehen. Während Garve entschieden an der selbstaufklärerischen Kraft des »gemeinen Menschenverstandes« festhielt und jede Form eines besonderen, nur wenigen zugänglichen Prinzipienwissens ablehnte, griffen die Gegner der Popularphilosophie diese Voraussetzung an. Erst durch eine *Kritik der reinen Vernunft* (Kant) und durch eine nur wenigen vorbehaltene Klärung eines zugrundeliegenden Prinzipienwissens könne der gemeine Verstand seine Gedankenfäden weiterspinnen, wenn er es – woran später vor allem Hegel als scharfer Gegner der »Popularphilosophie« zweifelte – überhaupt könne. Nach Garve dagegen, so könnte man seinen Vergleich mit dem Spinnen aufgreifen, ist Philosophieren eine Erfahrungskunst wie auch das Spinnen mit der Hand. Man braucht viel Übung dazu, Geschicklichkeit, Ausdauer, Belehrung über einige Kunstgriffe und ist auf das vorgegebene Material angewiesen. Grundsätzlich aber kann jeder spinnen wie philosophieren. Niemand braucht sich seinen Faden von Fachleuten oder von anderen »mächtigen Spinnerinnen« zuteilen zu lassen.

Garve hat nicht nur an der Klärung der Methode der Popularphilosophie als Selbstdenken gearbeitet, sondern auch inhaltliche Beiträge geleistet. So übersetzte er Schriften Ciceros, etwa über die *Pflichten* und den *Staat*, sowie der englischen Empiristen. Außerdem verfaßte er philosophische Abhandlungen über ästhetische, moralische und politische Themen und wandte sich mit ihnen im Stil der damaligen *Moralischen Wochenschriften* an ein gebildetes Publikum. Einige seiner Beiträge erschienen in Johann Jacob Engels Aufsatzsammlung *Der Philosoph für die Welt* (1801). Diese enthält außer moralischen und ästhetischen Überlegungen auch einen Lobpreis der Glückseligkeit, die aus der Erkenntnis der ewigen, göttlichen Gestirnsordnung herrührt, ferner Darlegungen der zweckmäßigen Ausstattung des Tierreiches, etwa des Bienenkorbes, schließlich eine Rechtfertigung der Güte Gottes angesichts der Übel in der Welt, die Garve am Beispiel der im Tierreich durchaus nützlichen Raubtiere entwickelt.

Engels Aufsatzsammlung enthält auch Garves Beitrag *Das Weihnachtsgeschenk*. Für die damalige Zeit durchaus fortschrittlich, will Garve demonstrieren, wie einem »jungen Frauenzimmer« zum Philosophieren verholfen werden kann.[6] Mit seinem Weihnachtsgeschenk, einem Heft »leerer Blätter«, möchte ein Vater seine Tochter ermuntern, nicht nur die Gedanken anderer nachzuvollziehen, sondern durch den produktiven Vorgang des Schreibens selber zum Denken zu kommen: »Wenn die Seele einmahl in Arbeit und Bewegung ist; wenn sie einmahl den Faden des Denkens in der Hand hat: so geht sie geschwinde von der Nachbildung fremder Begriffe zur Hervorbringung eigener über.« Bei diesem Bild hatte Garve das Spinnen eines Fadens mit dem Handspinnrad vor Augen. Erst die Entwicklung des Handspinnrads um die Jahrtausendwende ermöglichte Garve den Vergleich der Denkbewegung mit der Bewegung des Spinnrads. Dagegen legte die seit der Jungsteinzeit benutzte freihängende Handspindel[7] andere Facetten der Spinnenmetapher nahe, wie Platons Bild von der »Spindel der Notwendigkeit« und den daran befestigten Lebensfäden gezeigt hat.

Den Erfolg des *Weihnachtsgeschenks* beschreibt Garve in seinem Beitrag *Die Spinne*, einem fingierten Aufsatz des Mädchens[8]: »Hier ist, durch ihre erbethene gütige Mittheilung, was sie, nach Lesung der vortrefflichen Schrift von Reimarus über die Triebe der Thiere, auf das Papier geworfen. Man wird die Vorhersagung des Vaters erfüllt finden, daß die Wiederholung fremder Gedanken sie zu eigenen veranlassen würde.« Nicht nur den Vorgang des Selbstdenkens, sondern auch dessen Inhalt drückt Garve mit der Spinnenmetapher aus, indem er das Mädchen am Beispiel des Spinnentieres über den Unterschied von Maschinen, Tieren und Menschen nachdenken läßt. Das Mädchen kann sich nicht mit der Ansicht der Cartesianer anfreunden, daß Tiere nichts anderes als Maschinen seien. Die unmittelbare Empfindung der Lebensäußerungen der Spinne hindern sie daran. Das Mädchen gibt sich aber mit ihrer eigenen affektgeleiteten Begründung nicht zufrieden, sondern fragt sich, wie ihre »Menschenseele« die »Spinnenseele« überhaupt verstehen könne. Die Möglichkeit des Verstehens sieht sie darin, »das Eigene und Unterscheidende der Spinnenseele« hervorzuholen. Der entscheidende Unterschied besteht ihrer Ansicht nach im instinktgeleiteten, nicht bewußten Verhalten der Spinne. Dieses sei mit dem Zustand von Säuglingen oder Nachtwandlern vergleichbar und insofern unserem Verstehen zugänglich. Da es jedoch zwischen Instinkt und Bewußtsein, Schlaf- und Wachzustand keine Übergänge in Form von Erinnerung gebe, könne die bewußte »Menschenseele« die instinktgeleitete »Spinnenseele« letztlich doch nicht verstehen. Das Tier ist also weder Maschine noch Mensch. Was es aber sonst ist, hat das Mädchen nicht herausgefunden. In der Erfahrung von Irrwegen sieht sie dennoch ein wichtiges Ergebnis ihrer Überlegungen: »Ich habe gelernt; wenn auch nicht das, was ich wollte.«

Die Spinne war auch in der Pädagogik der Aufklärung ein beliebtes Beispiel bei Belehrungen verschiedener Art. So stellt Joachim Heinrich Campe in seinem Kinderbuch *Bilder Abeze* (1806) unter dem Buchstaben »S« die Tätigkeiten der Spinne denen des Seidenwurms gegenüber, um an ihnen den Unterschied von Kunstfertigkeit und Nützlichkeit zu demonstrieren – Garves Popularphilosophie in Versform für Kinder:

Die Spinne und der Seidenwurm

Spinne: Ich spinne, Nachbarin, viel feiner doch als du!
Seidenwurm: Kann sein; du spinnst sehr gut; allein wozu?
Spinne: Ich spinne mir ein Netz, und breit' es künstlich aus;
Da kommen dann die Fliegen und die Mücken
Und lassen sich darin bestricken,
und ich hab einen königlichen Schmaus.
Seidenwurm: Die Kunst will ich dir nicht beneiden!
Spinn immerhin so künstlich und so fein;
Ich lernte nicht so viel, doch lernt ich nützlich sein,
Und spann noch nie zu andrer Leiden.
Geh, geh! ich kann dich nicht beneiden.[9]

Auch für theologische Streitfragen war die Spinne ein nützliches Beispiel. Lichtenberg hält der rationalen, aufklärerischen Kritik an den Gottesbeweisen in seinen *Sudelbüchern* gleichsam einen Gottesbeweis aus dem Unbewußten entgegen: »Sollte es denn so ganz ausgemacht sein, daß unsere Vernunft von dem Obersinnlichen gar nichts wissen könnte? Sollte nicht der Mensch seine Ideen von Gott ebenso *zweckmäßig* weben können, wie die Spinne ihr Netz zum Fliegenfang? oder mit anderen Worten: sollte es nicht Wesen geben, die uns wegen unsrer Ideen von Gott und Unsterblichkeit ebenso bewunderten wie wir die

Spinne und den Seidenwurm?«[10] Es gelte »überall zu betrachten, wie weit das Bienenartige, auch allenfalls Spinnen- und Wespenartige im Menschen geht. (Was der Mensch tut, ohne es zu wissen.)«[11] Gegen das Spinnen nur mit dem Kopf und mit der Hand als Metaphern für rationale Tätigkeiten setzt Lichtenberg das Spinnen mit dem Bauch als Metapher für ein nichtrationales Denken und Wissen, ein Bereich, der später vor allem Schopenhauer beschäftigen wird.

VII. Hirngespinste und Leitfaden

Rationalismus und Empirismus bei Bacon und Kant

Die Spinnstube war in Europa vom sechzehnten bis ins neunzehnte Jahrhundert hinein nicht nur ein Ort gemeinsamer Arbeit, sondern auch ein Ort ländlich-bäuerlicher Geselligkeit für Frauen und Männer, vor allem für junge Leute. Eine Darstellung des Treibens in der Spinnstube aus der Sicht des Städters auf einem Kupferstich des Nürnbergers Barthel Beham von 1524 gibt Hans Medick folgendermaßen wieder: »Frauen und Männer bestreiten ein Treiben, in dem Tanz, Trinken und vor allem die schamfreie öffentliche körperlich-sexuelle Annäherung bestimmend sind. Alle Versuche, von außen – durch die Stubentür – Licht und die rechte Arbeitsmoral in das Treiben der Spinnstube zu bringen, scheinen von vornherein zum Scheitern verurteilt. Weibliche Spinnstubenarbeit im engeren Sinne wird nur noch durch eine vereinzelte Person im Hintergrund betrieben.«[1]

In der Spinnstube wurden offensichtlich nicht nur Wollfäden, sondern auch Gedankenfäden gesponnen. Bei dem beschriebenen ausgelassenen Treiben der Frauen und Männer erschienen diese Gedankenfäden eher luftig als solide, wie das Seemannsgarn der Seeleute. Tatsächlich wurden die Gespräche in den Spinnstuben von den meisten Zeitgenossen als bloßes Herumspinnen bewertet, wie heute der Kaffeeklatsch, und wurden schließlich auch als nutzloses Herumphilosophieren angesehen. 1705 erschien beispielsweise in Chemnitz eine Schrift von J. G. Schmidt mit dem Titel *Die gestriegelte Rockenphilosophie oder Untersuchung vieler Weiber hochgehaltenen Aberglaubens* und kam 1759 bereits in fünfter Auflage heraus.[2]

Eine negative Bewertung der *Rockenphilosophie* findet man auch in dem vom Kant-Nachfolger Krug herausgegebenen *Allgemeinen Handwörterbuch der philosophischen Wissenschaften*. Krug definiert dort die Rockenphilosophie als »ganz gemeine Lebensweisheit« und bezeichnet sie als »Weiberphilosophie« und »Kunkelphilosophie«[3], hierin einer verbreiteten Bewertung heutiger »feministischer Philosophie« nicht unähnlich. Wenn Garve dagegen in seinem Aufsatz *Von der Popularität des Vortrages* (1776) den »Faden der Ideen« des »gemeinen Verstandes« gegenüber dem »künstlichen Gewebe« der Wissenschaften und der »esoterischen« Philosophie höher bewertet, versteht er das Spinnen mit dem Kopf und mit der Hand durchaus als eine positive Tätigkeit. Offensichtlich hat er dabei das aufmüpfige, in einem weiten Sinne durchaus aufklärerische Treiben in den Spinnstuben vor Augen. Aus der Sicht der Popularphilosophen erschien die »ganz gemeine Lebensphilosophie« aus den Spinnstuben keineswegs verächtlich. Dagegen ist es verständlich, daß sie, wie zeitgenössische Quellen berichten, der Obrigkeit als »unnütz Geschwätz« oder »Unordnung mit ärgerlichem Gespräch« lästig war[4] und aus der Sicht des pinzipienorientierten Kantschülers Krug als zu seicht erschien.

Kant allerdings sieht im Spinnen nicht die freie Gedankenproduktion als Selbstdenken von jedermann, sondern lediglich eine luftige, halt- und bodenlose Spekulation. In seiner Schrift *Träume eines Geistersehers* (1766) redet er mehrfach mit deutlichem Abscheu von »wilden« oder »albernen« »Hirngespinsten« (A 112, A 113), während Platons Ideen »keineswegs bloße Hirngespinste« seien (*Kritik der reinen Vernunft*, A 314/B 371). Dagegen gehört »Leitfaden« zu Kants Lieblingswörtern, etwa im Kapitel »Von dem Leitfaden der Entdeckung aller reinen Verstandesbegriffe« in der *Kritik der reinen Vernunft* (1781) oder in der Schrift *Idee zu einer allgemeinen Geschichte in weltbürgerlicher Absicht* (1784), wo Kant im Hinblick auf den äußeren Geschichtsablauf feststellt: »das trostlose Ungefähr tritt an die Stelle des Leitfadens der Vernunft« (A 388).

Ohne orientierenden Leitfaden gerät die Vernunft in haltlose Schwärmerei. Mit seiner Schrift *Was heißt: sich im*

Denken orientieren? (1786), wie mit seiner gesamten kritischen Philosophie, möchte Kant ungerechtfertigten schwärmerischen Vernunftansprüchen entgegentreten: »Zuerst gefällt sich das Genie sehr in seinem kühnen Schwunge, da es den Faden, woran es sonst die Vernunft lenkte, abgestreift hat. Es bezaubert bald auch andere durch Machtansprüche und große Erwartungen, und scheint sich selbst nunmehr auf einen Thron gesetzt zu haben, den langsame schwerfällige Vernunft so schlecht zieret; wobei es gleichwohl immer die Sprache derselben führet« (A 326).

An Kants Gebrauch der Spinnenmetapher kann man den Grundgedanken seiner Philosophie erkennen: er möchte die luftigen Hirngespinste bloßer Begriffskonstruktionen der Rationalisten mit dem erfahrungsbezogenen Denken der Empiristen so verknüpfen, daß wir einen sicheren Leitfaden der Erkenntnis in die Hand bekommen. Seiner Ansicht nach haben wir dann einen sicheren Leitfaden in der Hand, wenn sich Erkenntnis auf mögliche Erfahrung bezieht, dabei aber von Verstandesbegriffen und Vernunftideen geleitet wird, somit ein gegebenes Erfahrungsmaterial strukturiert und in eine Einheit zusammenfaßt.

Für diesen Grundgedanken seiner Philosophie hätte sich Kant durchaus auch auf andere Facetten der Spinnenmetapher beziehen können, als er es getan hat, und dabei sogar ein passendes Bild für seinen Ansatz finden können. Ein Spinnennetz hängt ja nicht einfach in der Luft, sondern braucht einen festen Rahmen von Ästen oder Mauerwinkeln; die Spinne spinnt ihren Faden nicht aus dem hohlen Bauch heraus, sondern aus dem Material ihrer vollen Drüsen; schließlich ist etwa das Radnetz nach einem genauen geometrischen Muster gewoben. Das Spinnen mit dem Kopf könnte sich also durchaus auch im Kantschen Sinne am Spinnen aus dem Bauch der Spinne orientieren, wie am Spinnen mit der Hand. Kants negativer Gebrauch der Spinnenmetapher ist somit erklärungsbedürftig.

Zunächst war Kant sicher von der überwiegend negativen zeitgenössischen Bewertung der »Kunkelphilosophie« in den Spinnstuben beeinflußt. Hinzu kam, daß nicht nur das Spinnen mit dem Kopf, sondern auch das Spinnen mit der Hand in Verruf gekommen war. Als die in Heimarbeit produzierenden Spinnerinnen und Spinner dem stark wachsenden Bedarf an Wolle für die Tuchherstellung immer weniger nachkommen konnten, wurden zusätzliche Möglichkeiten zum Spinnen von Wolle eingerichtet. Spinnen als Zwangsarbeit, wie später das sprichwörtliche Tütenkleben, war in Gefängnissen und in Anstalten für »Verrückte« schon längere Zeit üblich gewesen; seit Mitte des 18. Jahrhunderts wurde es zunehmend auch für Arbeitslose und andere soziale Randgruppen eingerichtet. 1761 wurde beispielsweise in Schlesien die Anordnung erlassen, daß auch Arbeitslose, Soldatenwitwen und ihre Kinder in den Spinnanstalten spinnen mußten. Die noch heute übliche Bedeutung von »Spinner« als »Verrückter« ist daher nach Bernd Nitschke darauf zurückzuführen, daß »einer nicht nur deshalb ›spinnen‹ muß, *weil* er verrückt ist, sondern auch verrückt werden kann, *weil* er spinnen muß«[5].

Durch das Spinnen als Zwangsarbeit sank das ohnehin schon geminderte Ansehen der altehrwürdigen Handarbeit noch weiter. Mit der Erfindung der Spinnmaschine, etwa der »Spinning Jenny« Hargreaves um 1764, gelang es den Tuchfabrikanten, in einer viel effektiveren Weise als durch Heimarbeit und Spinnanstalten den notwendigen Wollbedarf zu produzieren. Die Spinnerinnen und Spinner gerieten damit in ihrer Heimarbeit am Spinnrad oder in den größeren Spinnmanufakturen unter immer stärkeren Konkurrenzdruck, der zu sozialen Unruhen führte. Die ersten Anzeichen dieser Umbruchssituation zu Beginn des 19. Jahrhunderts beschreibt etwa Goethe in *Wilhelm Meisters Wanderjahre* (2. Teil, 3. Buch, 5. Kap.).

Entscheidend dafür, daß Kant den zu seiner Zeit zwar naheliegenden, aber nicht zwingenden negativen Beiklang des Spinnens übernimmt, ist ein philosophiehistorischer Grund: die Orientierung an Bacons Philosophie und seinem Gebrauch der Spinnenmetapher. Kants Ablehnung eines Vernunftgebrauchs ohne Erfahrungsbezug richtet sich gegen einen Erkenntnisanspruch aus bloßen Begriffen nach Art der rationalistischen Philosophie. Dabei beruft er sich auf Francis Bacon und übernimmt von ihm die negative Bewertung der Spinnenmetapher. Seine Kritik am rationalistischen Definitionsverfahren macht Kant in einem eigenen Kapitel der *Kritik der reinen Vernunft* deutlich (A 727/B 755). Er will statt dessen, wie er in der »Vorrede« zur zweiten Auflage der *Kritik der reinen Vernunft* sagt, die Erkenntnis »auf einen festen Fuß« stellen, auch wenn die rationalistischen Schulphilosophen »ein lautes Geschrei erheben, wenn man ihre Spinneweben zerreißt« (B XXXV). So kritisiert Kant etwa den Gottesbeweis der Physikotheologen, die aus der erfahrbaren Ordnung und Zweckmäßigkeit der Welt auf einen ersten Urheber schließen wollten (A 629/B 657 f.). Mit diesem Fehlschluß hätten sie nur vermeintlich mit einem »mächtigen Sprung festen Fuß gefaßt«, in Wirklichkeit aber den »Boden der Natur und Erfahrung« verlassen und nur »Spinnengewebe finsterer Grübler« erzeugt.

An beiden Stellen der *Kritik der reinen Vernunft*, in der Vorrede wie in der Kritik am Gottesbeweis, ist mit den Metaphern »Boden« oder »fester Fuß« und »Spinne(nge)webe« deutlich das Programm einer Verknüpfung von Empirismus und Rationalismus ausgedrückt. Dasselbe Programm findet man bereits in Francis Bacons Schrift *Das Neue Organon. Große Erneuerung der Wissenschaften* (1620), ebenfalls die negative Bewertung eines bloß luftigen Herumspinnens der rationalistischen Begriffsphilosophen:

»Die, welche die Wissenschaften betrieben haben, sind Empiriker oder Dogmatiker gewesen. Die Empiriker, gleich den Ameisen, sammeln und verbrauchen nur, die aber, die die Vernunft überbetonen, gleich den Spinnen, schaffen die Netze aus sich selbst. Das Verfahren der Biene aber liegt in der Mitte; sie zieht den Saft aus den Blüten der Gärten und Felder, behandelt und verdaut ihn aber aus eigener Kraft. Dem nicht unähnlich ist nun das Werk der Philosophie; es stützt sich nicht ausschließlich oder hauptsächlich auf die Kräfte des Geistes, und es nimmt den von der Naturlehre und den mechanischen Experimenten dargebotenen Stoff nicht unverändert in das Gedächtnis auf, sondern verändert und verarbeitet ihn im Geiste. Daher könne man bei einem engeren und festeren Bündnisse dieser Fähigkeiten, der experimentellen nämlich und der rationalen, welches bis jetzt noch nicht bestand, bester Hoffnung sein.«[6]

Offensichtlich hat Kant diese Stelle bei seiner Ablehnung der rationalistischen »Spinneweben« und bei seiner Verknüpfung von Rationalismus und Empirismus vor Augen. Als Motto der zweiten Auflage seiner *Kritik der reinen Vernunft* (1787, Auflage B) wählt er ein Zitat aus Bacons Vorrede zum *Neuen Organon*. Wie Bacon beansprucht Kant, »das Ende und die gehörige Grenze endlosen Irrtums« gefunden zu haben. Mit seiner positiven wie negativen Grenzziehung, der *Kritik der reinen Vernunft*, will Kant Bacons Anspruch endlich einlösen. Daß Kant die Spinnenmetapher bewußt von Bacon übernimmt, läßt sich auch daran ablesen, daß er in der Vorrede (B XII) Bacon als Wegbereiter der experimentellen Erkenntnisweise hervorhebt. Um zu sicheren Erkenntnissen zu kommen, müsse die Philosophie die begriffliche Erkenntnisweise der Mathematik und die erfahrungsbezogene Erkenntnisweise der Physik übernehmen. Alle drei Hinweise auf Bacon, das Motto, die experimentelle Erkenntnisweise und die Spinnenmetapher, hat Kant außerdem erst in die zweite Auflage von 1787 aufgenommen.

Mit Bacon teilt Kant auch die Vorliebe für einen sicheren »Leitfaden« aus dem Labyrinth ungesicherter Erfahrungen, wie ihn dieser in seiner Vorrede zum *Neuen Organon* verlangt: »Der Bau des Weltalls aber erscheint seiner Struktur nach dem Menschengeist, der es betrachtet, wie ein Labyrinth, wo überall unsichere Wege, täuschende Ähnlichkeiten zwischen Dingen und Merkmalen, krumme und verwickelte Windungen und Verschlingungen der Eigenschaften sich zeigen. (...) Die Spuren müssen an einem Faden festgehalten werden: Jeder Schritt muß von der ersten sinnlichen Wahrnehmung an in fester Weise gesichert sein.«[7] Das Spinnen des Ariadnefadens traut Bacon den herkömmlichen, an Begriffsdefinitionen orientierten Wissenschaften nicht zu, »wie sie jetzt von der sehr feisten und gänzlich unfähigen Minerva gesponnen werden«[8].

Arachnes Wettkampf mit Athene (lateinisch: Minerva) um die bessere Spinn- und Webkunst setzt sich bei Bacon fort. Eine Vernunft, die sich im reinen Begriffshimmel ohne Bodenberührung bewegt und die Welt aus sich herauszuspinnen vermeint, wäre als göttliche Vernunft für den menschlichen Gebrauch nutzlos. Sie muß durch eine Vernunft ersetzt werden, die sich auf Erfahrung bezieht und eine sichere Methode als Ariadnefaden benutzt. Die »sehr feiste und gänzlich unfähige Minerva« der scholastischen Spekulation wurde seit Bacon von der neuzeitlichen Wissenschaft und Technik als effizientes, aber unterdessen in seiner Ambivalenz zusehends kritisiertes Mittel zur Weltbemächtigung abgelöst.

Diese Ablösung wurde von Anfang an von Mißtrauen begleitet. Das von Bacon geforderte »Bündnis« der rationalen und experimentellen Fähigkeiten in der wissenschaftlichen Arbeit wurde bald in mehreren Akademiegründungen in die Tat umgesetzt, zunächst in England, dann auch in Frankreich. Dabei kam es zu Forschungsaktivitäten, deren Sinn und Zweck nicht immer einzusehen war. Schließlich fiel Bacons Spott über die herkömmlichen Wissenschaften auf der Basis aristotelischer Begriffsscholastik auch auf eine Forschungspraxis zurück, die sich auf ihn als Vorbild berief. So kann man in Jonathan Swifts Spott über die skurrilen, nutzlos erscheinenden Projektemacher der »Großen Akademie von Lagado« in seinem Buch *Gullivers Reisen* (1726) eine Kritik an der Londoner »Royal Society« und ihrem Vorbild Bacon sehen. Wahrscheinlich spielt Swift auf ein Projekt an, das 1710 der »Royal Society« tatsächlich vorgelegt wurde. Für die Tuchherstellung sollten statt des teuren Materials von den

Seidenraupen die billigeren Spinnenfäden benutzt werden; der zusätzliche Vorschlag zum Färbverfahren der Spinnfäden stammt allerdings als spöttischer Zusatz von Swift selber:

»Ich ging in ein anderes Zimmer, wo die Wände und die Decke ganz mit Spinnweben behangen waren, außer einem engen Durchgang für den Gelehrten zum Hinein- und Hinausgehen. Bei meinem Eintritt rief er mir laut zu, seine Gewebe nicht zu stören. Er beklagte es, daß die Welt so lange in dem verhängnisvollen Irrtum befangen gewesen sei, Seidenraupen zu benutzen, während wir doch eine solche Menge von Hausinsekten besäßen, welche die ersteren außerordentlich überträfen, da sie es verständen, sowohl zu weben als auch zu spinnen. Und er machte den weiteren Vorschlag, durch Verwendung von Spinnen die Kosten des Färbens der Seide völlig einzusparen, wovon ich voll und ganz überzeugt wurde, als er mir eine riesige Menge sehr schön gefärbter Fliegen zeigte, mit denen er seine Spinnen fütterte; und er versicherte uns, daß die Gewebe ihre Färbung annehmen würden. Da er nun Fliegen aller Farben besitze, so hoffe er, jedermanns Geschmack zu treffen, sobald er nur in gewissen Gummiharzen, Ölen und anderen klebrigen Stoffen passendes Futter für die Fliegen finden könnte, um den Fäden Stärke und Festigkeit zu verleihen.«[9]

Kants Verknüpfung von Rationalismus und Empirismus richtet sich nicht nur in der Tradition Bacons gegen die rationalistischen »Spinneweben«, sondern auch gegen den popularphilosophischen »Faden der Ideen« des »gemeinen Menschenverstandes«. Während Kant gegen die Rationalisten den Erfahrungsbezug geltend machte, forderte er von der Popularphilosophie den Vernunftbezug der Erfahrung. Mit der Popularphilosophie jedoch teilt Kant das Ziel einer moralisch-praktischen Orientierung, die für jeden möglich sein müsse. Die »Spinneweben« der Rationalisten will Kant nicht nur aus erkenntnistheoretischen, sondern auch aus moralisch-praktischen Gründen »zerreißen«. Aus dem internen Schulstreit der rationalistischen »Metaphysiker« könnte sonst über die Vermittlung auf den Kirchenkanzeln »durch die Geistlichen« allmählich auch eine breite Irritation der Leute in ihrem natürlichen, sicheren Wissen entstehen (*Kritik der reinen Vernunft*, B XXXIV). Jedermann wisse aus der Erfahrung des Kategorischen Imperativs vom Selbstzweck der Person und dem unbedingten sittlichen Sollen, daß wir moralisch frei handeln können, ebenfalls, daß wir daher eine unsterbliche Seele haben und auf Gott als Garanten der moralischen Freiheit hoffen können.

Die Verbreitung der »Spinneweben« der rationalistischen Metaphysiker durch die Predigten unterschiedlicher Schulmeinungen würden, so befürchtete Kant, die Leute in ihrem ursprünglichen Wissen nur verunsichern. Die drei metaphysischen Grundideen von Freiheit, Unsterblichkeit und Gott sind nicht theoretisch, begrifflich beweisbar, sondern als Postulat unseres moralischen Handelns einsehbar. Wie Platons Ideen von Freiheit und Gerechtigkeit sind sie »keineswegs bloße Hirngespinste« (A 314/B 371). Kant weist auf moralischem Gebiet die Möglichkeit einer reinen Vernunfterkenntnis nach Art der Rationalisten zurück, lehnt aber auch den Ausgang vom »gemeinen Menschenverstand« nach Art der Popularphilosophie Garves ab. Vielmehr bedürfe die moralische Erfahrung des gemeinen Menschenverstandes der Aufklärung durch ein prinzipiengeleitetes Wissen, das Kant in seinen Schriften zu begründen beansprucht.

Mit seiner Kritik an den »Spinneweben« der rationalistischen Metaphysik will Kant »nur das *Monopol der Schulen*, keineswegs aber das *Interesse der Menschen*« treffen (*Kritik der reinen Vernunft*, B XXXII). Zunächst würden die Menschen durch den theoretischen »Schulstreit« überhaupt nicht berührt, »weil, so wenig dem Volke die fein gesponnenen Argumente *für* nützliche Wahrheiten in den Kopf wollen, ebensowenig kommen ihm auch die eben so subtilen Einwürfe *dagegen* in den Sinn« (B XXXIV; Sperrung E. M.). Im Laufe der Zeit aber hätten auch die »fein gesponnenen Argumente« einen Einfluß auf »die große (für uns achtungswürdigste) Menge« (B XXXIII); insofern müsse ein »Skandal (...) über kurz oder lang selbst dem Volke aus den Streitigkeiten aufstoßen (...), in welche sich Metaphysiker (und als solche endlich auch wohl Geistliche) ohne Kritik unausbleiblich verwickeln« (B XXXIV).

In der *Metaphysik der Sitten* verschärft Kant seine Behauptung, daß die »fein gesponnenen Argumente« für die Menschen normalerweise weder verständlich noch notwendig seien, dahingehend, daß das für das moralische Handeln »nötige Wissen (...) nicht eben bis zu den subtilsten Fäden ausgesponnen werden darf« (A IV, Anm.). Es würde vielmehr von der wahren Triebfeder des moralischen Handelns, der Achtung vor dem Kategorischen Imperativ, ablenken. Kant unterscheidet in diesem Zusammenhang den »praktischen Philosophen« von dem der »praktischen Philosophie Kundigen« (A IV, Anm.). Der eine handelt moralisch in Orientierung am Kategorischen Imperativ, der andere hat (zusätzlich) das Begründungswissen als »Leitfaden und oberste Norm« (*Grundlegung zur Metaphysik der Sitten*, BA X).

Mit seiner Reservierung des moralischen Wissens für die der »praktischen Philosophie Kundigen« unterscheidet sich Kant von Garve. Dieser geht von einer Selbstorientierung von jedermann aus, die selbstverständlich einer kritischen Belehrung bedarf. Kant dagegen hält zwar auch an dem prinzipiellen Vermögen zur Selbstorientierung der Vernunft von jedermann fest, reserviert jedoch für den Morallehrer ein Spezialwissen. Das Darreichen eines orientierenden, irrtumsenthobenen »Leitfadens« durch den Morallehrer steht im Widerspruch zur sokratischen Idee des eigenen Weiterspinnens, auch zu Kants eigener aufklärerischen Maxime des Selbstdenkens.

VIII. Göttliche Weltspinne und spinnwebige Dialektik

Indisches Brahman und Hegels Idealismus

Im Unterschied zur begrifflich-argumentativen Gedankenklärung in der westlichen Philosophie ist die indische Philosophie vor allem eine meditativ-religiöse Übung. Auch sie verzichtet zwar nicht auf eine systematische Darstellung ihrer Lehren, bedient sich dabei aber vornehmlich einer bildhaften, symbolischen Sprache. So geben die Upanishaden (ca. 750–500 v. Chr.) in bildhafter Sprache die Erfahrungen und Lehren vieler Weiser wieder. Ein Kernstück ist die Lehre vom göttlichen Weltgrund (brahman), das jeder als sein wahres Selbst (atman) in sich trägt, vergleichbar dem göttlichen Logos Heraklits, Platons, Aristoteles oder der Stoa. Die sichtbare Welt, und als Teil von ihr auch jeder einzelne, ist zwar kein bloßer, unwahrer Schein, aber alles erhält seinen letzten Grund erst im Göttlichen. Das Hervorgehen der Welt aus einem letzten Urgrund und ihre Rückkehr dorthin ist ein alter Gedanke auch der griechischen Philosophie, vor allem bei Plotin; derselbe Grundgedanke findet sich in säkularisierter Form noch in der Entfremdungstheorie von Karl Marx wieder.

Die Vorstellung von Hervorgehen und Rückkehr drücken die Upanishaden im Bild der Spinne aus, die aus sich heraus ihr Spinnennetz, den Weltenschleier (maya), webt und wieder auffrißt, nach Art der Spinnen im Rhythmus von Tag und Nacht: »Wie wenn eine Spinne durch ihren Faden (aus sich) heraussträte – wie kleine Funken aus einem Feuer heraustreten –, so treten aus diesem Selbst alle Lebenskräfte (d. h. Atem, Gesicht, Gehör, Geschmack, Gefühl, Sprache, Verstand) heraus, alle Welten, alle Himmlischen, alle irdischen Wesen, alle ›Selbste‹ (Einzelindividualitäten). Seine mystische Verehrung lautet:

›Wahrheit der Wahrheit‹. Die Wahrheit – das sind die Lebenskräfte. Das Selbst ist die Wahrheit der Lebenskräfte. Dieses Selbst ist der Honig (= die Essenz) aller Lebewesen. Alle Lebewesen sind der Honig dieses Selbst. Dieser aus Licht bestehende, aus Unsterblichkeit bestehende Mann (gemeint ist: die Seele) in diesem Selbst (gemeint ist: der Körper) und dieses Selbst (gemeint ist: das geistige Substrat der Identität) – dieses letztere Selbst *ist* dieser aus Licht bestehende, aus Unsterblichkeit bestehende Mann. Es ist die Unsterblichkeit, es ist das brahman, es ist alles.«[1]

An einer anderen Stelle der Upanishaden ist die Spinnenmetapher noch deutlicher mit der Vorstellung eines ewigen Urfeuers verbunden: »Wie eine Spinne ausläßt und einzieht (den Faden), wie auf der Erde sprießen die Gewächse, wie auf Haupt und Leib des Menschen, der lebt, die Haare, so aus dem Unvergänglichen alles, was hier ist. Wie aus dem wohlentflammten Feuer die Funken, ihm gleichen Wesens, tausendfach entspringen, so geh'n, o Feuer, aus dem Unvergänglichen die mannigfachen Wesen hervor und wieder in dasselbe zurück.«[2]

Später greift die Bhagavadgita (ca. 300 v. Chr.) das Bild von der göttlichen Weltspinne wieder auf und faßt es in ein Gebet an Krischna, die persönliche Verkörperung des unpersönlichen Brahman:

Großer Urgott! Aller Götter
Sein hat erst mit dir begonnen,
Wissen und Gewußtes bist du,
Der die Welt aus sich gesponnen!
Du beherrscht als Gott Luft, Feuer,
Wasser, Mond, den Tod, das Zeugen.
Heil dir! Heil dir! Tausendfältig
Wir uns deiner Größe beugen.
Ehre dir von hier und dorten,
Ehre dir von allen Seiten,
Dem Allmächt'gen, Allgewalt'gen,
Ehre dir zu allen Zeiten![3]

Zu den Andachtsübungen im Hinduismus, mit deren Hilfe man sich in das göttliche Brahman versenken kann, gehört auch die Übung mit dem Mandala. Wie der Sinologe Heinrich Zimmer beschreibt, entfaltet der Yogin in sich »in Anlehnung an eine gemalte Vorlage ein kreisförmiges konzentrisches Bild (mandala) in innerer Schau und setzt sich selbst mit seiner Imagination in den Mittelpunkt dieses Gebildes.«[4] Das Mandala ist nach Zimmer die göttliche Weltspinne, deren Netz wir nur dann entkommen, wenn wir oder das Brahman in uns das Netz selber weben und auch in uns zurücknehmen: »Die Spinne in ihrem Netz ist dem Inder ein Gleichnis für das Göttliche, das die Welt nach Stoff und Gestalt (Substanz und Figur) aus sich hervorbringt. Dieses Göttliche aber – Brahma – ist in uns als unsere Tiefe. Wir sitzen alle im Netze unserer Welt und wirken es mit den Projektionen unserer Schakti als Maya, die uns befängt. Diese naturhafte Befangenheit zu überwinden, lernt der Yogin ein dem Spinnweb entsprechendes Gebilde in innerer Visualisierung aus sich zu entwickeln, um sich als quellende Mitte zu breiten: eine figurerfüllte Ringzeichnung der Welt (mandala) oder ein zeichenbesetztes Diagramm von Linien, in denen die Welt oder die göttlichen Kräfte dargestellt sind, die sich zum Makrokosmos und Mikrokosmos entfalten. Er entfaltet es aus sich in innerer Schau und hält es fest als seine Wirklichkeit und nimmt es wieder schrittweise in sich zurück. So lernt er Entstehen und Vergehen der Welt als einen Vorgang begreifen, dessen Quell und Mitte er selbst ist.«[5]

In popularisierter Form drückt auch der indische Sektengründer Bhagwan die Übung des Yogin durch die Spinnenmetapher aus: »Jeder spinnt und webt um sich herum eine magische Welt … und ist dann darin verstrickt. Die Spinne verfängt sich in ihrem eigenen Netz. Niemand peinigt dich, außer dir selbst. Und sobald dies erst einmal verstanden ist, verändern sich die Dinge. Dann kannst du die Sache umkehren, kannst du deine Hölle in den Himmel verwandeln; du brauchst sie nur aus einem anderen Blickwinkel zu zeichnen. (…) Die ganze Verantwortung ist dein. Und dann taucht eine ganz neue Möglichkeit auf: du kannst aufhören, die Welt zu erschaffen! Nicht nötig Himmel und Erde zu erschaffen, nicht nötig, überhaupt etwas zu erschaffen. Der Schöpfer kann sich entspannen, in den Ruhestand gehen.«[6]

Neben dem Spinnen aus dem Bauch der Weltspinne hat auch das Spinnen mit der Hand bis heute in Indien seine Bedeutung bewahrt. Als Symbol der Unabhängigkeit erhielt das Spinnen durch Gandhi eine reale politische Kraft. Um von der Wollproduktion durch die englischen Kolonialherren unabhängig zu werden, spannen Gandhi und seine Anhänger ihre Wolle selber. Als Symbol der Unabhängigkeit wurde daher das Spinnrad in die indische Nationalflagge aufgenommen.

Auf einem ganz anderen Weg als in der indischen Philosophie versucht der Deutsche Idealismus, insbesondere Hegel, das Hervorgehen der Welt aus dem Urgrund und ihre Rückkehr dorthin zu begreifen. Während die göttliche Weltspinne das unbewußte, irrational wirkende Urprinzip symbolisiert, entwickelt die Methode der Dialektik aus einem bewußten, rationalen Urgrund heraus, dem absoluten Ich, den Aufbau der Welt. Den Gegensatz zwischen beiden Formen der Welterklärung hat vor Hegel bereits David Hume formuliert. In *Dialoge über natürliche Religion* (1779) vertritt Cleanthes die Position einer rationalen Weltbegründung, während Philon die Möglichkeit dagegenhält, die Ordnung der Welt als einen irrationalen, organischen Lebenszusammenhang zu verstehen: »Ein Baum verleiht dem Baum, der aus ihm entspringt, Ordnung und Organisation, ohne von der Ordnung zu wissen; ebenso ein Tier seinen Nachkommen, ein Vogel seinem Nest: Beispiele von dieser Art sind in der Welt noch häufiger als Beispiele einer Ordnung, die aus Vernunft und Erfindung entspringt.«[7]

Einmal stellt sich, wie Hume weiter darlegt, die Welt als rational konstruierte »Maschine« nach den Plänen einer ordnenden Vernunft dar, das andere mal als »Tier« oder organischer Lebenszusammenhang.[8] Die organische

Sichtweise der Welt läßt sich nach Hume auch in der Vorstellung von der Weltspinne bei den Brahmanen finden: »Die Brahmanen behaupten, daß die Welt ihren Ursprung von einer unendlichen Spinne hat, welche diese ganze verwickelte Masse aus ihren Eingeweiden gesponnen hat und später das Ganze oder einen Teil vernichtet, indem sie es wieder in sich zurücknimmt und in ihr eigenes Wesen auflöst. Das ist eine Art der Kosmogonie, die uns lächerlich erscheint, weil eine Spinne ein kleines verächtliches Tier ist, dessen Tätigkeit wir nicht geneigt sind, als Modell des ganzen Universums gelten zu lassen. Aber doch ist hier eine neue Form der Analogie, selbst auf unserer Erdkugel. Und gäbe es einen ganz von Spinnen bewohnten Planeten (was wohl möglich ist), so würde diese Folgerung dort ebenso natürlich und unerschütterlich erscheinen wie diejenige, welche auf unserem Planeten den Ursprung aller Dinge aus Absicht und Vernunft herleitet, wie sie von Cleanthes vorgetragen worden ist. Warum ein geordnetes System nicht so gut aus dem Bauch wie aus dem Gehirn sollte hervorgesponnen werden können, dafür möchte es ihm schwer werden, einen befriedigenden Grund anzugeben.«[9]

Im Gegensatz zu Hume würde Hegel ganz entschieden die Vorstellung ablehnen, daß die Welt »so gut aus dem Bauch wie aus dem Gehirn sollte hervorgesponnen werden können«. Bereits die unbewußte Weltdeutung, die immer schon im alltagssprachlichen Wissen liegt, ist nach Hegel begrifflich geprägt. Sie ist von der philosophischen Weltdeutung zu unterscheiden, als Gegensatz zwischen einfachem und reflektiertem Wissen. Wir benutzen zwar in unserer Alltagssprache »abstrakte Denkbestimmungen« wie »Sein«, auch eine »Metaphysik« mit dem »Verhältnisse von Ursache und Wirkung, von Kraft und ihrer Äußerung«, aber wir haben dabei nach Hegel kein Wissen von diesem Wissen. Bei seiner Erläuterung des Unterschieds von einfachem und reflektiertem Wissen benutzt Hegel Facetten der Spinnenmetapher, allerdings nicht bewußt, sondern gleichsam »aus dem Bauch«, unreflektiert – als ob die Weltspinne gegen Hegels Bewußtseins-Dialektik beweisen wollte, daß sie bereits vor dem Hervorspinnen »aus dem Gehirn« ihre Tätigkeit aufgenommen hat und daß die Philosophie dem Gebrauch der Spinnenmetapher nicht entkommen kann:

»Die Bildung besteht überhaupt in den allgemeinen Vorstellungen und Zwecken, in dem Umfang der bestimmten geistigen Mächte, welche das Bewußtsein und das Leben regieren. Unser Bewußtsein hat diese Vorstellungen, läßt sie als letzte Bestimmungen gelten, läuft an ihnen als seinen leitenden *Verknüpfungen* fort; aber es weiß sie nicht, es macht sie selbst nicht zu Gegenständen und Interessen seiner Betrachtung. Um ein abstraktes Beispiel zu geben, hat und gebraucht jedes Bewußtsein die ganz abstrakte Denkbestimmung: *Sein*. ›Die Sonne *ist* am Himmel, die Traube *ist* reif‹ usf. ins Unendliche; oder in höherer Bildung geht es an dem Verhältnisse von Ursache und Wirkung, von Kraft und ihrer Äußerung usw. fort. All sein Wissen und Vorstellen ist von solcher Metaphysik *durchwebt* und regiert; sie ist das *Netz*, in welches all der konkrete Stoff gefaßt ist, der den Menschen in seinem Tun und Treiben beschäftigt. Aber dieses *Gewebe* und dessen *Knoten* sind in unserem gewöhnlichen Bewußtsein in den vielschichtigen Stoff versenkt; dieser enthält unsere gewußten Interessen und Gegenstände, die wir vor uns haben; jene allgemeinen *Fäden* werden nicht herausgehoben und für sich zu den Gegenständen unserer Reflexion gemacht.« (Unterstreichungen E. M.)[10]

Nicht nur dem »gewöhnlichen Bewußtsein«, sondern auch der Erfahrung mangelt es an Reflexion. Daher lehnt Hegel in demselben Zusammenhang auch die englischen Empiristen ab, nach denen es über alles mögliche eine Philosophie gebe, sogar über »Ackerbau (den Mist)«. Nach Hegel wäre der Empirismus eine Philosophie »aus dem Bauch«, nicht »aus dem Gehirn«. Die göttliche Weltspinne der indischen Philosophie wäre für ihn ebensowenig eine angemessene Metapher für Philosophie wie die Ideenfäden des gemeinen Verstandes in Garves Popularphilosophie. Aus demselben Grund akzeptiert er auch nicht die Sieben Weisen der griechischen Antike als Philosophie, etwa Solon: »Diogenes sagt (I, 58) Solon habe gesagt: ›die Gesetze gleichen den Spinnweben: Kleine werden gefangen, Große zerreißen sie‹, die Sprache sei Bild der Handlung usw. Solche Sätze sind nicht Philosophie, sondern allgemeine Reflexionen, Ausdrücke sittlicher Pflichten, Maximen, wesentliche Bestimmungen.«[11]

Für Hegel »fängt die Philosophie an, wo das Allgemeine als das allumfassende Seiende aufgefaßt wird oder wo das Seiende in einer allgemeinen Weise gefaßt wird, wo das Denken des Denkens hervortritt (...). Das Denken muß für sich sein, in seiner Freiheit zur Existenz kommen, sich vom Natürlichen losreißen und aus dem Versenktsein in die Anschauung heraustreten. Das Denken muß als freies in sich gehen; es ist damit Bewußtsein der Freiheit gesetzt.«[12] Das philosophische Wissen kommt erst im absoluten Wissen als göttliches Schöpfungswissen zu seiner vollen Freiheit. Kant allerdings hätte den Versuch, die Welt aus Begriffen herauszuspinnen, als rationalistische »Spinneweben« abgetan. Ähnlich verspottet auch Heinrich Heine die Philosophie Hegels als »spinnwebige Berliner Dialektik«[13].

Während in Hegels Philosophie das Produzieren aus dem unbewußten Urgrund der indischen Weltspinne keinen Platz hat, würde man diese Metapher eher bei Arthur Schopenhauer vermuten. Eine derartige Vermutung liegt nicht nur wegen seiner Bewunderung und Kenntnis der indischen Philosophie nahe, sondern vor allem auf Grund seiner eigenen Philosophie. In seinem Hauptwerk *Die Welt als Wille und Vorstellung* zieht Schopenhauer ganz entschieden ein Hervorspinnen der Welt »aus dem Bauch« einer Bewußtseinsphilosophie »aus dem Gehirn« vor. Wider Erwarten findet man bei ihm allerdings die Metapher von der Weltspinne nicht. Statt dessen verwendet er die Spinnenmetapher als Spott gegen ein absolutes Systemwissen, zweifellos vor allem gegen seinen Lieblingsgegner Hegel:

»Wie im Bienenstock nur *eine* Königin seyn kann, so

nur *eine* Philosophie an der Tagesordnung. Die Systeme sind nämlich so ungeselliger Natur, wie die Spinnen, deren jede allein in ihrem Netze sitzt und nun zusieht, wie viele Fliegen sich werden darin fangen lassen, aber einer andern Spinne nur um mit ihr zu kämpfen, sich nähert. Also während die Dichterwerke friedlich neben einander weiden, wie Lämmer, sind die philosophischen geborene reißende Thiere, und sogar in ihrer Zerstörungssucht, gleich den Skorpionen, Spinnen und einigen Insektenlarven, vorzüglich gegen die eigene Species gerichtet.[14]

Ähnlich wie sein Vorbild Kant kritisiert Schopenhauer eine Philosophie, die sich nur auf Begriffe stützt und die Anschauung ausblendet. Bei seiner Kritik benutzt er, vermutlich durch Kant beeinflußt, die Spinnenmetapher nur in negativer Bewertung: »Ist doch das ganze Eigenthum der Begriffe nichts Anderes, als was darin niedergelegt worden, nachdem man es der anschaulichen Erkenntniß abgeborgt und abgebettelt hatte, dieser wirklichen und unerschöpflichen Quelle aller Einsicht. Daher läßt eine wahre Philosophie sich nicht herausspinnen aus bloßen, abstrakten Begriffen; sondern muß gegründet seyn auf Beobachtung und Erfahrung, sowohl innere, als äußere. Auch nicht durch Kombinationsversuche mit Begriffen, wie sie so oft, zumal auch von den Sophisten unserer Zeit, also von Fichte und Schelling, jedoch in größter Widerwärtigkeit von Hegel, daneben auch, in der Moral, von Schleiermacher ausgeführt worden sind, wird je etwas Rechtes in der Philosophie geleistet werden. Sie muß, so gut wie Kunst und Poesie, ihre Quelle in der anschaulichen Auffassung der Welt haben.«[15]

IX. Ein Bau wie aus Spinnefäden

Kritik an Vernunft und Gesellschaft bei Nietzsche und Adorno

Schopenhauers Polemik gegen alle Philosophen, die Erkenntnis »aus bloßen, abstrakten Begriffen« »herausspinnen« wollen, setzt sein Bewunderer Nietzsche fort: »Sie wollen nicht lernen, daß der Mensch geworden ist, daß auch das Erkenntnisvermögen geworden ist; während einige von ihnen sogar die ganze Welt aus diesem Erkenntnisvermögen sich herausspinnen lassen.«[1] Der Mensch und sein Erkenntnisvermögen sind nach Nietzsche nur ein Randereignis in Raum und Zeit, nicht etwa das »Zentrum dieser Welt«. Zur Illustration dieser Behauptung erfindet Nietzsche in seiner Abhandlung *Über Wahrheit und Lüge im außermoralischen Sinn* (1873) eine »Fabel«: »In irgendeinem abgelegenen Winkel des in zahllosen Sonnensystemen flimmernd ausgegossenen Weltalls gab es einmal ein Gestirn, auf dem kluge Tiere das Erkennen erfanden. Es war die hochmütigste und verlogenste Minute der ›Weltgeschichte‹: aber doch nur eine Minute. Nach wenigen Atemzügen der Natur erstarrte das Gestirn, und die klugen Tiere mußten sterben.«[2]

Erkenntnis ist nach Nietzsches antiplatonistischer Grundüberzeugung nicht Selbstzweck eines reinen Wahrheitsstrebens, sondern unentbehrliches Mittel im Überlebenskampf. Wir benötigen wegen der wechselnden, vielfältigen und verwirrenden Sinneseindrücke und Situationen für unsere eigene Orientierung und für eine Koordination des gemeinsamen Verhaltens verläßliche Fixpunkte. Soweit könnte Platon mit Nietzsche noch übereinstimmen. Nach Nietzsche allerdings sind diese Fixpunkte nicht objektiv, sondern wir können sie uns nur selber als subjektive Gebilde erschaffen, etwa in den begrifflichen Vereinbarungen oder Konventionen. An sie müssen wir uns dann halten. Der »vernünftige« Mensch »leidet es nicht mehr, durch die plötzlichen Eindrücke, durch die Anschauungen fortgerissen zu werden, er verallgemeinert alle diese Eindrücke erst zu entfärbteren, kühleren Begriffen, um an sie das Fahrzeug seines Lebens und Handelns anzuknüpfen«.

Aus dem Lebensfaden der Spinnerinnen bei Homer und Platon oder dem Leitfaden der Ariadne ist bei Nietzsche ein abstrakter, selbstproduzierter Begriffsfaden geworden. Dieser Begriffsfaden ist allerdings erstaunlich haltbar: »Man darf hier den Menschen wohl bewundern als ein gewaltiges Baugenie, dem auf beweglichen Fundamenten und gleichsam auf fließendem Wasser das Auftürmen eines unendlich komplizierten Begriffsdomes gelingt – freilich, um auf solchen Fundamenten Halt zu finden, muß es ein Bau wie aus Spinnefäden sein, so zart, um von der Welle mit fortgetragen, so fest, um nicht von jedem Winde auseinandergeblasen zu werden. Als Baugenie hebt sich solchermaßen der Mensch weit über die Biene: diese baut aus Wachs, das sie aus der Natur zusammenholt, er aus dem weit zarteren Stoff der Begriffe, die er erst aus sich fabrizieren muß.«

In seiner Kritik am »Bau wie aus Spinnefäden« greift Nietzsche das Bild aus Bacons *Novum Organon* auf: die Empiriker als Ameisen, die Rationalisten als Spinnen und die Kombination beider als Tätigkeit der Bienen. Er bestätigt damit Bacons Kritik an einer Erkenntnis auf Grund bloßer Begriffsarbeit, ohne seinen Versuch zu übernehmen, durch die induktive Wissenschaft Erfahrungsbezug und begriffliches Denken miteinander zu verknüpfen. Nach Nietzsche erkennen wir uns nicht in der Wissenschaft, sondern nur in der Kunst als »künstlerisch, schaffendes Subjekt« unserer eigenen Begriffsfabrikationen wieder. Mit einem Seitenhieb gegen Platon (*Staat*, 6.–7. Buch) und Descartes *(Erste Meditation)* versichert Nietzsche weiter, daß nur wenige in der Lage seien, den bloß eingebildeten Wachzustand der Begriffe gegen den wirklichen Wachzustand der Kunst einzutauschen: »An sich ist ja der wache

Mensch nur durch das starre und regelmäßige Begriffsgespinst darüber im klaren, daß er wache, und kommt eben deshalb mitunter in den Glauben, er träume, wenn jenes Begriffsgespinst einmal durch die Kunst zerrissen wird.«

Für Nietzsche kommt nicht der apollinische, begriffsklare Mensch der Wirklichkeit des Lebens näher, sondern der dionysische, rauschhafte Mensch, beispielsweise in der Musik eines Wagner oder in der griechischen Tragödie. Hinzu kommt die Selbstzerstörung der Aufklärung, die sich gegen ihre eigenen Voraussetzungen richtet. Durch das »unermüdliche Zerspinnen und Historisieren alles Gewordenen durch den modernen Menschen, die große Kreuz-Spinne im Knoten des Weltall-Netzes« werde die vermeintlich ewige, objektive Vernunft historisiert und subjektiviert; dies führt, wie Nietzsche in seiner Abhandlung *Vom Nutzen und Nachteil der Historie für das Leben* (1874) schreibt, zu der radikal desillusionierenden Einsicht in die Selbsttäuschung eurozentrischer Vernunftherrschaft durch Wissenschaft und Technik: »Überstolzer Europäer des neunzehnten Jahrhunderts, du rasest! Dein Wissen vollendet nicht die Natur, sondern tötet nur deine eigene. Miß nur einmal deine Höhe als Wissender an deiner Tiefe als Könnender. Freilich kletterst du an den Sonnenstrahlen des Wissens aufwärts zum Himmel, aber auch abwärts zum Chaos. Deine Art zu gehen, nämlich als Wissender zu klettern, ist dein Verhängnis; Grund und Boden weicht ins Ungewisse für dich zurück; für dein Leben gibt es keine Stützen mehr, nur noch Spinnefäden, die jeder neue Griff deiner Erkenntnis auseinanderreißt.«[3]

Unterdessen haben sich Nietzsches düstere Prophetien von den Risiken des wissenschaftlich-technischen Fortschritts zunehmend erfüllt. Wir scheinen die eigene und die außermenschliche Natur durch unser Begriffsnetz in der Tat zu »töten«. Auch hat Nietzsches Beobachtung noch heute Gültigkeit, daß der »Gelehrte« als Hersteller des »Baus wie aus Spinnefäden« in grotesker Selbstverkennung seines Tuns einer »Überschätzung des Winkels, in dem er sitzt und spinnt«, zum Opfer fällt.[4] Zwar haben die Begriffsnetze der Wissenschaften über ihre Anwendung durch Technik sichtbare Realität erhalten, diese selbst aber entgleiten der Macht ihrer Hersteller immer mehr, erst recht ihren kritischen oder beschwörenden Interpreten.

Ihre Machtlosigkeit versuchen die Wissenschaftler durch interne Machtkämpfe und Profilneurosen zu kompensieren. Zarathustra berichtet »Von den Gelehrten«, daß sie sich spinnefeind sind und sich gegenseitig mit derselben Geschicklichkeit zu schaden versuchen, mit der sie ihr eigenes Handwerk betreiben: »Geschickt sind sie, sie haben kluge Finger: was will *meine* Einfalt bei ihrer Vielfalt! Alles Fädeln und Knüpfen und Weben verstehen ihre Finger: also wirken sie die Strümpfe des Geistes! (...) Sie sehen einander gut auf die Finger und trauen sich nicht zum besten. Erfinderisch in kleinen Schlauheiten, warten sie auf solche, deren Wissen auf lahmen Füßen geht, – gleich Spinnen warten sie. Ich sah sie immer mit Vorsicht Gift bereiten; und immer zogen sie gläserne Handschuhe dabei an ihre Finger.«[5]

Genauso sind auch die Moralprediger und Priester für Zarathustra giftige Spinnen, Taranteln, die mit ihrem Netz angeblich ewiger Werte, wie Gleichheit und Gerechtigkeit, das Leben überziehen und die schöpferischen, das Mittelmaß der »Vielen« überragenden »Übermenschen« einzufangen versuchen: »Von den Taranteln. SIEHE, das ist der Tarantel Höhle! Willst du sie selber sehn? Hier hängt ihr Netz: rühre daran, daß es erzittert. Da kommt sie willig: willkommen, Tarantel! Schwarz sitzt auf deinem Rücken dein Dreieck und Wahrzeichen; und ich weiß auch, was in deiner Seele sitzt. Rache sitzt in deiner Seele: wohin du beißest, da wächst schwarzer Schorf; mit Rache macht dein Gift die Seele drehend! Also rede ich zu euch im Gleichnis, die ihr die Seelen drehend macht, ihr Prediger der *Gleichheit*! Taranteln seid ihr mir und versteckte Rachsüchtige! Aber ich will eure Verstecke schon ans Licht bringen: darum lache ich euch ins Antlitz mein Gelächter der Höhe. Darum reiße ich an eurem Netze, daß eure Wut euch aus eurer Lügen-Höhle locke, und eure Rache hervorspringe hinter eurem Wort ›Gerechtigkeit‹. (...) Meine Freunde, ich will nicht vermischt und verwechselt werden. Es gibt solche, die predigen meine Lehre vom Leben, ob sie gleich in ihrer Höhle sitzen, diese Giftspinnen, und abgekehrt vom Leben: das macht, sie wollen damit wehe tun. Solchen wollen sie damit wehe tun, die jetzt die Macht haben: denn bei diesen ist noch die Predigt vom Tode am besten zu Hause. Wäre es anders, so würden die Taranteln anders lehren: und gerade sie waren ehemals die besten Welt-Verleumder und Ketzer-Brenner. Mit diesen Predigern der Gleichheit will ich nicht vermischt und verwechselt sein. Denn so redet *mir* die Gerechtigkeit: ›Die Menschen sind nicht gleich.‹ Und sie sollen es auch nicht werden! Was wäre denn meine Liebe zum Übermenschen, wenn ich anders spräche?«[6] Gegen die »ewige Vernunft-Spinne und Spinnennetze« der Philosophen, Gelehrten und Moralprediger ruft Zarathustra den Übermenschen an, auch den Himmel als Ort des Zufallsspiels – die Kunst, die das »Begriffsgespinst« zerreißt: »– daß du mir ein Tanzboden bist für göttliche Zufälle, daß du mir ein Göttertisch bist für göttliche Würfel und Würfelspieler.«[7]

Nietzsches radikale Kritik an der wissenschaftlichen Erkenntnisweise und bürgerlichen Moralvorstellungen fällt in eine Zeit wissenschaftlich-technischer Blüte, imperialistischer Politik und wilhelminischer Ordnungsmacht in Deutschland. Wie er hat auch Wilhelm Dilthey im Kontrast zum herrschenden Zeitgeist die dazugehörige Gestalt sich selbst überschätzender Vernunft schonungslos offengelegt und dabei ebenfalls die Spinnenmetapher benutzt. Dilthey versteht die Denkkategorien als historisch gewordene Mittel unserer Lebensbewältigung, etwa die teleologische Denkweise: »Die Teleologie, welche mit dem Netz von Zwecken und Mitteln die ganze Welt einspinnen möchte, ist doch schließlich eben nur die Projektion der teleologischen Struktur der Lebenseinheit. Und zwar besagt diese nichts von einer planmäßigen Ordnung, einem

Bewußtsein, das sie hervorbrachte. Sie besagt nur die Form eines Zusammenhangs. Zu diesen Merkmalen gehört, daß man sie am leichtesten als von einem Bewußtsein nach Zwecken geformt vorstellt. Am leichtesten, und als oder als ob (von einem Bewußtsein geformt). Nicht aber, daß diese Struktur so und nur so entstanden gedacht werden müsse.«[8] Auch die Kategorie der Kausalität faßt Dilthey in seiner Kritik an Kant als Mittel der Lebensbewältigung auf: »im Laufe der Erfahrungen tritt die Laune des Zufalls zurück hinter den Gleichförmigkeiten des Geschehens. Der Kreis erkannter fester Gleichförmigkeiten breitet sich immer mehr aus; das rechnende Denken erweist sich überall siegreich gegenüber der elenden Spekulation auf die Launen des Zufalls und die Macht der Dämonen (...). Das rechnende Denken geht am Faden von Grund und Folge.«[9]

Das »rechnende Denken« ist auch bei Theodor W. Adorno Gegenstand der Positivismuskritik, die er mit einer Gesellschaftskritik verbindet. Die »Begriffsgespinste« sind keine bloß subjektiven Spielereien, sondern Ausdruck realer Machtverhältnisse und überziehen als objektive Gebilde das gesellschaftliche Leben. Bereits bei Nietzsche waren Vernunft- und Gesellschaftskritik miteinander verknüpft. Nach seiner antidemokratischen und elitären Grundeinstellung unterdrücken die »Begriffsgespinste« als konventionelle Moral der Schwachen und Vielen unter dem Deckmantel der Gleichheit und Gerechtigkeit die produktive Freiheit der Wenigen, der schöpferischen Übermenschen. Adornos Gesellschaftskritik dagegen ist nicht darwinistisch an der Machtentfaltung im Überlebenskampf ausgerichtet. Sie hat vielmehr die Überwindung jeder Unfreiheit und die Autonomie aller zum Ziel. Die herrschende Unfreiheit vergleicht Adorno mit einem bedrohlichen Spinnennetz: »Man kann von Klaustrophobie der Menschheit in der verwalteten Welt reden, einem Gefühl des Eingesperrtseins in einem durch und durch vergesellschafteten, netzhaft dicht gesponnenen Zusammenhang. Je dichter das Netz, desto mehr will man heraus, während gerade seine Dichte verwehrt, daß man herauskann.«[10]

Die »verwaltete Welt« entspricht einer gesellschaftlichen Ordnung, die mit Hilfe eines »rechnenden Denkens« (Dilthey) Mensch und Natur den Interessen der Warenzirkulation unterwirft. Das rechnende oder positivistische Denken läßt nach Adorno dem Einzelnen, von der herrschenden Norm Abweichenden keinen Raum qualitativer oder individueller Entfaltung. Das Nicht-Identische muß sich der Identitäts-Logik fügen, »welche das Besondere mit dem Allgemeinen überspinnt«[11]. Beispiele im Städtebau, in den Medien oder im Tourismus hat jeder genug vor Augen. Exaktheit von Begriffen und Theorien, Klassifikation von Wirklichkeit durch Begriffsnetze und Einfangen aller Lebensäußerungen durch dieses Netz bilden nach Adorno im »positivistischen« Denken die Norm der Wahrheit oder Richtigkeit zur Beherrschung des »Gegebenen«. Kritisches Denken dagegen, das mit der tradierten Metaphysik den Impuls teile, Gegebenes von Aufgegebenem und Schein von Sein zu unterscheiden, gerate in den Verdacht bloßer »Spekulation« und werde »als leere und eitle Begriffsspinnerei verfemt«[12].

»Spinnen« bekommt in der »Dialektik der Aufklärung Adornos und Horkheimers einen positiven Beiklang subversiven Denkens. Dagegen bewerte das herrschende positivistische Denken »Begriffsspinnerei« oder »Hirngespinste« als störende Gegeninstanz zu seinem eigenen Spinnennetz als Beutenetz eines kalkulierenden Denkens: »Der Positivismus, der schließlich auch vor dem Hirngespinst im wörtlichsten Sinn, Denken selber, nicht haltmachte, hat noch die letzte unterbrechende Instanz zwischen individueller Handlung und gesellschaftlicher Natur beseitigt«[13]. Wer die Tatsachen nicht als gegeben hinnimmt, sondern fragt, *wer* das Gegebene gegeben hat und wessen *Tat* in den *Tat*sachen steckt, gerät leicht in die Rolle eines gesellschaftlichen Störenfrieds.

Allerdings muß man der überzogenen Positivismuskritik Adornos wie Horkheimers entgegenhalten, daß etwa im Nationalsozialismus gerade positivistisches, und das heißt exaktes und empirisch überprüfbares Denken für eine ideologische Weltanschauung gefährlich werden konnte. Die propagierte Überlegenheit der arischen Rasse etwa hielt kritischem Tatsachendenken nicht stand. Auch läßt sich bei aller Ambivalenz der positivistischen, wissenschaftlich-technischen Vernunft nicht ihre positive Leistungskraft leugnen, beispielsweise in der schrittweisen Überwindung von Hunger, Krankheiten und Aberglauben. Mit einer radikalen Positivismuskritik und Kritik an einer Identitäts-Logik handelt man sich außerdem zwei unvermeidbare Probleme ein: man begibt sich mit der Kritik der Waffen zugleich der eigenen Waffen der Kritik und lädt sich die Beweislast für die behauptete ganz andere Form der Vernunft auf.

Schließlich verwickelt sich eine radikale Vernunftkritik auch in einen Widerspruch. Auf kritische »Begriffsspinnerei« und »Hirngespinste« wollte und konnte auch Adorno nicht verzichten. »Spinitisieren« bedeutete für ihn Widerstand gegen das Gegebene: »Dem, der deutet, anstatt hinzunehmen und einzuordnen, wird der gelbe Fleck dessen angeheftet, der kraftlos, mit fehlgeleiteter Intelligenz, spinitisiere und hineinlege, wo es nichts auszulegen gibt. Tatsachenmensch oder Luftmensch, das ist die Alternative.«[14] Die Alternative »Tatsachenmensch oder Luftmensch« begleitet die Philosophie seit dem Brunnensturz des luftigen Sternguckers Thales und dem Lachen der thrakischen, erdverbundenen Magd (Platon, *Theätet* 174 a ff.) und seit Aristophanes' Spott in den *Wolken* (Vers 217 ff.) über den »Mastkorb« als angeblichen Lieblingsort des Sokrates.

Nach Adorno verkennt das positivistische Denken allerdings, daß wir zur Wirklichkeit prinzipiell nur einen vermittelten, reflexiven Zugang haben. Im Positivismus würden die faktischen Verhältnisse, die herrschenden Interessen und die gängigen Verhaltensmuster fälschlicherweise mit der unmittelbaren Natur selbst gleichgesetzt, als Ausdruck von Authentizität: »Je dichter die Welt vom Netz des von Menschen Gemachten überzogen wird, um so krampfhafter betonen die, welche es ihr antun, ihre eigene Naturwüchsigkeit und Primitivität.«[15] Wir können der kritischen Arbeit an unseren Begriffsnetzen nicht entkommen. Auch Adorno unternimmt bei aller Kritik an der Herrschaft der Begriffslogik nicht den naiven Versuch eines begriffslosen Eskapismus. Er sucht vielmehr nach alternativen Sprachformen wie den Essay oder den Aphorismus, um »aus einer Logik auszubrechen, welche das Besondere mit dem Allgemeinen überspinnt«[16]. Texten nach Art bloßer Subsumptionslogik stellt Adorno außerdem die Kraft metaphorischer Sprache entgegen. Auch das Text-Gewebe selbst vergleicht er mit einer Spinnwebe: »Anständig gearbeitete Texte sind wie Spinnweben: dicht, konzentrisch, transparent, wohlgefügt und befestigt. Sie ziehen alles in sich hinein, was da kreucht und fleucht. Metaphern, die flüchtig sie durcheilen, werden ihnen zur nahrhaften Beute. Materialien kommen ihnen angeflogen.«[17]

Mit Adornos spezifischer Sprachform geht eine Erkenntnisform einher, die im Besonderen das Allgemeine aufzusparen versucht, nicht aber umgekehrt in einer allgemeinen Theorie das Besondere verschwinden läßt – eine Kritik, die bereits Kierkegaard an Hegels »Aufhebung« geübt hat. Beispiele für diese Erkenntnisform sind Adornos *Minima Moralia* und *Philosophische Terminologie*. Er selber nennt als Beispiele in der *Negativen Dialektik* Walter Benjamin (*Einbahnstraße; Berliner Kindheit, Aufklärung für Kinder* u.a.) und Günther Anders (*Antiquiertheit des Menschen*). Gerade gegen die Übermacht des Allgemeinen gewinnt das Einzelne eine besondere Bedeutung: »Je vergesellschafteter die Welt, je dichter ihre Gegenstände mit allgemeinen Bestimmungen übersponnen sind, desto mehr ist, nach einer Bemerkung von Günther Anders, tendenziell der einzelne Sachverhalt unmittelbar durchsichtig auf sein Allgemeines; desto mehr läßt sich gerade durch mikrologische Versenkung in ihn herausschauen.«[18]

Im Untertitel zu seinen *Minima Moralia* macht Adorno

deutlich, daß es ihm bei der »mikrologischen Versenkung« vor allem darum geht, Spuren eines »unbeschädigten Lebens« im gesamtgesellschaftlichen Fangnetz zu entdecken. Wenn er in seinem viel zitierten Aphorismus in den *Minima Moralia* schreibt: »Es gibt aus der Verstricktheit keinen Ausweg«[19], redet er damit keiner prinzipiellen Ausweglosigkeit das Wort, wie er häufig mißverstanden wird. Vielmehr macht er darauf aufmerksam, daß wir keinen unmittelbaren Zugriff zum »unbeschädigten Leben« haben, sondern immer schon in unsere Begriffsnetze und in Herrschaftszusammenhänge »verstrickt« sind. Dies schließt aber nicht aus, daß wir in einer »Negativen Dialektik« den Versuch machen können, einzelne Spuren eines besseren gesellschaftlichen Ganzen aufzufinden, indem wir einzelne Phänomene *als* Beschädigung eines »guten Lebens« empfinden und bestimmen. Genau diesen Versuch macht auch Adorno selber in seinen *Minima Moralia*.

Den Standpunkt einer positiven oder absoluten Dialektik dagegen kann die Philosophie nicht einnehmen, wie Adorno in den *Minima Moralia* energisch gegen Hegel und seine Nachfolger betont. Vielmehr kann und muß sie mit ihrem seit den Vorsokratikern erhobenen kritischen Anspruch gegenüber einer angemaßten »Urerfahrung« die Differenz von Schein und Sein offenhalten: »Je verdinglichter die Welt, je dichter das Netz, das der Natur übergeworfen wurde, desto mehr beansprucht ideologisch das Denken, das jenes Netz spinnt, seinerseits Natur, Urerfahrung zu sein. Die überlieferten Philosophen waren seit den gepriesenen Vorsokratikern Kritiker.«[20] Ihnen kommt, wie man hinzufügen kann, der Ehrentitel eines »Spinners« zu. In seiner Analyse der ambivalenten Spinnenmetapher sowohl des positivistischen wie auch des kritischen Denkens hat Adorno diesen Ehrentitel rehabilitiert.

X. … daß viele Fasern einander übergreifen

Wittgensteins Sprachspiele und der Universalienstreit

»Und die Stärke des Fadens liegt nicht darin, daß irgend-*eine* Faser durch seine ganze Länge läuft, sondern darin, daß *viele* Fasern einander übergreifen.«[1]

Die Fäden aus der Spinnendrüse und aus der Wolle am Spinnrad sind recht haltbar und fest. Diese Eigenschaft verdanken sie jedoch keiner durchgehenden, festen Hauptfaser, sondern dem Ineinandergreifen von vielen einzelnen Fasern. Mit dieser Facette der Spinnenmetapher aus den *Philosophischen Untersuchungen* (= *PhU*) ist der Kerngedanke von Wittgensteins Spätphilosophie ausgedrückt. Mit ihr versucht er eine Lösung des alten Universalienstreits zu geben, wie wir wechselhafte Situationen, Handlungen, Eindrücke oder Phänomene jeweils mit demselben Begriff bezeichnen können. Nach Wittgenstein gibt es keine »Universalien« oder allgemeine Wesenheiten, auf die wir uns beim Erkennen beziehen. Damit setzt er sich von einer Tradition ab, die auf Platon zurückgeht. In Platons Ausdrucksweise stellt sich das Universalienproblem als Frage dar, auf welche Weise *Vieles* zugleich *Eines* sein kann. In seinem Dialog *Laches* beispielsweise geht es um die Frage: Wenn wir einen Menschen oder seine Handlung als »tapfer« bezeichnen, muß dann nicht jeweils ein und derselbe Begriffskern mit einem festen Wesen vorliegen? Wenn wir in den vielen verschiedenen Situationen nicht von einem festen, im Prinzip von allen erkennbaren Begriffskern ausgehen könnten, hätten wir dann noch eine Möglichkeit der Verständigung? Würde nicht jeder am anderen und an der Sache vorbeireden?

Platons Hauptgegner in diesem Streit waren Heraklit und seine Anhänger. Nach ihnen ist »alles im Fluß«, und es gibt keine festen Benennungen oder Begriffe. Einige

Herakliteer versuchten dem Problem schließlich dadurch auszuweichen, daß sie auf sprachliche Benennungen überhaupt verzichteten und statt dessen auf Dinge, Personen und Situationen einfach mit dem Finger hinzeigten. Von Kratylos überliefert Aristoteles, daß er »zuletzt gar nichts mehr glaubte sagen zu dürfen, sondern nur den Finger zum Zeigen bewegte und dem Herakleitos Vorwürfe darüber machte, daß er erklärt, man könne nicht zweimal in denselben Fluß einsteigen; denn er selbst meinte vielmehr, man könne auch nicht *einmal* einsteigen« (*Metaphysik*, IV, 5. 1010 a 12–15). Wie könnten wir aber ohne Sprache einem anderen verständlich machen oder selber verstehen, daß wir etwas *als* etwas meinen, daß wir beispielsweise in einer Landschaft mit ihren vielen, nicht klar umrissenen Eindrücken auf etwas Bestimmtes, etwa diesen Baum dort hinweisen wollen?

Erst recht können wir zeitlich oder räumlich Abwesendes nicht mit Fingern, sondern nur mit Begriffen oder anderen Symbolen wie Zeichnungen oder Gesten »begreifen«. Nach Ernst Cassirer können wir uns mit Hilfe des »symbolischen Universums« von einem »natürlichen« Reiz-Reaktions-Schema lösen und uns auf nicht räumlich oder zeitlich unmittelbar Gegebenes beziehen: »Sprache, Mythos, Kunst und Religion sind Teile dieses Universums. Sie sind die bunten Fäden, die das Symbolnetz weben, das verknotete Gewebe menschlicher Erfahrung. Jeder menschliche Fortschritt im Denken und in der Erfahrung verfeinert und verstärkt dieses Netz.«[2]

Die Frage, was die verallgemeinernden Ausdrücke, Begriffe oder Zeichen des »Symbolnetzes« eigentlich sind, wird seit der Antike über das Mittelalter bis in die Neuzeit im sogenannten Universalienstreit ohne endgültige Lösungen hin- und hergewendet. Platon, so scheint es jedenfalls, hat die Frage mit seiner Lehre von den »Ideen« oder, wörtlich aus dem Griechischen »eidos« übersetzt, den »Ansichten« beantwortet. Danach sind die Ideen der *eine* Bezugspunkt in der *Vielfalt* der Erscheinungen. Diese Platon naiv unterstellte Lösung wirft aber ihrerseits weitere

Fragen auf. Was *ist* eine Idee? Ist sie von den Einzeldingen *abgehoben*, abstrahiert, oder befindet sie sich, so Aristoteles, *in* ihnen? Wie ist die Verbindung der vielen Dinge in der Zeit mit der einen zeitenthobenen Idee zu denken? Gibt es sie vielleicht nur für die Zeit, in der wir denken oder etwas erkennen, als Vorstellung in der Seele? Wie kann dann aber eine »bloße Idee« oder unsere »Ansicht« zugleich »Ansicht« der Wirklichkeit außerhalb der Seele sein?

Bereits Platon selber hatte die Schwierigkeiten einer naiven Ideenlehre nach Art des *Phaidon* im *Parmenides* deutlicher als die meisten seiner Kritiker diskutiert. Wenn man nämlich erst einmal die *eine* Idee von den *vielen* Dingen radikal getrennt hat, ergeben sich die angedeuteten endlosen Probleme, wie durch eine Teilhabe (Methexis) des Vielen am Einen diese Trennung (Chorismos) wieder rückgängig gemacht werden kann. Platons Entdeckung, daß wir »immer schon«, »von vornherein« (»apriorisch«), »Ansichten« an die Vielfalt der Erscheinungen herantragen, ist nicht die Lösung, sondern die Formulierung des Universalienproblems. Seine eigene Lösung dagegen ist die Dialektik des Einen und Vielen im *Parmenides*.[3] Die Trennung des »Vielen« von dem »Einen«, so Platon, ist künstlich. Beim »Miteinander-etwas-Durchsprechen« (wörtlich für griechisch »dialegesthai«) gehen wir in unserer Redepraxis immer schon von einer Einheit des Einen und Vielen aus. Wir finden nicht auf der einen Seite die *vielen* Sinneseindrücke oder sinnlichen Dinge vor und auf der anderen Seite die *eine* Idee. Vielmehr sprechen wir etwas immer schon *als* etwas an.

Wir verbinden mannigfaltige Sinneseindrücke zu einheitlichen Begriffen und diese zu Begriffszusammenhängen. In der Kunst der Dialektik kommt es darauf an, angemessen zu bestimmen, was zusammengehört und was nicht, in welcher Hinsicht jemand beispielsweise tapfer ist und in welcher nicht. Im zweiten Teil des Dialogs *Parmenides* läßt Platon den alten Parmenides, den Philosophen des »Einen«, in einer praktischen Übung den untrennbaren Zusammenhang des Einen und Vielen durchgehen. Dieser Zusammenhang erschließt sich uns aus einem praktischen Weltwissen. Was beispielsweise ein Zaumzeug ist, weiß der Reiter am besten auf Grund seines Umgangs mit Pferden (Platon, *Staat* 10, 601 c). Er versteht sich praktisch und theoretisch auf den Funktionszusammenhang vom Pferd und seiner Umwelt, wie es in einem Gelände auf bestimmte Reize reagiert und welche Hilfsmittel am besten zum Lenken geeignet sind. Unsere »Ansichten« sind zugleich die »Ansichten« der Wirklichkeit selbst, wenn auch immer nur annäherungsweise. Die von Platon behauptete Entsprechung von objektiver Struktur der Wirklichkeit und unseren subjektiven Begriffen und Theorien erhält mit Frederic Vesters kybernetischer Sichtweise eine gewisse Bestätigung: »Gehirn, Organismus und Umwelt stehen in ständiger Wechselwirkung. Sie bilden ein vernetztes System.«[4] In seiner Studie zu Etymologie und Mythos kommt auch Franz Vonessen zu einer Auffassung von der »Gewebestruktur der Realität«, die sich in unseren Begriffsnetzen wiederfinde.[5]

Mit seiner Metapher von den übergreifenden Fasern eines Spinnfadens versucht Wittgenstein eine ganz andere Lösung des Universalienproblems als Platon. In den posthum 1953 erschienenen *Philosophischen Untersuchungen* hat er seinen früher vertretenen Ansatz aus dem *Tractatus logico-philosophicus* (1921) grundsätzlich revidiert. Die exakte Sprache der Naturwissenschaften ist für ihn nicht mehr die eine, ideale Sprache als Abbild der Wirklichkeit, sondern nur eine von verschiedenen »Sprachspielen«. Grundsätzlich gebe es nicht den *einen*, idealen Begriffskern im Sinne Platons, sondern jeweils nur *viele* verschiedene »Sprachspiele« im Zusammenhang mit verschiedenen »Tätigkeiten«. Die Bedeutung und Verbindung der Begriffe bildet keine unabhängige, für sich bestehende Struktur als Gegenstand der »Semantik« oder »Syntaktik«. Beides wird von Wittgenstein an die Wortbedeutungen in den konkreten Verwendungssituationen zurückgebunden und ist Gegenstand der »Pragmatik«.

In bestimmten Handlungssituationen haben sich, so Wittgenstein, feste, nicht beliebig veränderbare Verwendungsweisen von Begriffen eingespielt. Einen festen Begriffskern dagegen gibt es nicht. So hat »Spiel« je nach konkreter Gebrauchssituation unterschiedliche Bedeutungen, etwa als Ballspiel, Schachspiel, Puppenspiel, Kampfspiel, Liebesspiel, Sprachspiel, Wortspiel, Spielwiese, Spielhalle usw. Die notwendigen Präzisierungen erfolgen nach den jeweiligen Erfordernissen einer Handlungssituation. Selbst die Logik ist eine »normative Wissenschaft« (*PhU* § 81). Einen gemeinsamen Begriffskern hat »Spiel« nicht; es ist nicht jedesmal mit Spielregeln, Spielabsicht, Mitspieler, Spielmaterial usw. verbunden: »es gibt ja auch keine Regel dafür z. B., wie hoch man im Tennis den Ball werfen darf, oder wie stark, aber Tennis ist doch ein Spiel und es hat auch Regeln« (PhU § 68). Ähnlich kann auch »Zahl« recht Verschiedenes bedeuten: irreale und reale Zahlen, Anzahlen, etwas zählt, jemand zählt (etwas) usw. Den mehr oder weniger trennscharfen Begriffseigenschaften und Definitionen in den unterschiedlichen »Sprachspielen« liegt kein identischer Begriffskern zugrunde.

Den Grundgedanken des »Sprachspiels« hat Wittgenstein mehrfach mit Facetten der Spinnenmetapher ausgedrückt. Das Spinnen mit der Hand, die konkrete Tätigkeit, ist für ihn ein passendes Bild für das Spinnen mit dem Kopf, die abstrakte Begriffstätigkeit: »Ich werde auch das Ganze: der Sprache und der Tätigkeiten, mit denen sie verwoben ist, das ›Sprachspiel‹ nennen« (*PhU* § 7). Die Begriffe stehen untereinander in Beziehungen: »Wir sehen ein kompliziertes Netz von Ähnlichkeiten, die einander übergreifen und kreuzen« (*PhU* § 66). Das »Netz« der Begriffsbeziehungen hat allerdings anders als bei Platon keine feste Struktur, sondern wird in unterschiedlichen Zusammenhängen von uns nach unseren Bedürfnissen verwendet und abgeändert:

»Warum nennen wir etwas ›Zahl‹? Nun, etwa, weil es eine – direkte – Verwandtschaft mit manchem hat, was man Zahl genannt hat; und dadurch kann man sagen, erhält es eine indirekte Verwandtschaft zu anderem, was wir auch *so* nennen. Und wir dehnen unseren Begriff der Zahl aus, wie wir beim Spinnen eines Fadens Faser an Faser drehen. Und die Stärke des Fadens liegt nicht darin, daß irgend*eine* Faser durch seine ganze Länge läuft, sondern darin, daß *viele* Fasern einander übergreifen. Wenn aber Einer sagen wollte: ›Also ist in allen diesen Gebilden etwas gemeinsam, – nämlich die Disjunktion (hier: Trennung, Aussonderung; E. M.) aller dieser Gemeinsamkeiten‹ – so würde ich antworten: hier spielst du nur mit einem Wort. Ebenso könnte man sagen: es läuft ein Etwas durch den ganzen Faden, – nämlich das lückenlose Übergreifen dieser Fasern.« (*PhU* § 67; kursiv E. M.)

Wir verfügen in den Begriffsnetzen, in denen wir uns bewegen, über keinen festen Leitfaden, und auch durch die einzelnen Begriffsnuancen zieht sich kein orientierender »roter Faden« hindurch. Auf den sprichwörtlichen »roten Faden« spielt auch Wittgenstein an. *Das Blaue Buch. Eine philosophische Betrachtung* enthält als Variante der Metapher vom Spinnfaden die Metapher vom Tau: »Wir finden, daß das, was die Fälle des Vergleichens verbindet, eine große Anzahl einander übergreifender Ähnlichkeiten ist; und wenn wir dies sehen, so fühlen wir uns nicht mehr gezwungen zu sagen, es müsse allen diesen Fällen eines gemeinsam sein. Sie sind durch ein Tau mit einander verbunden; und dieses Tau verbindet sie nicht dadurch, daß irgendeine Faser in ihm von einem Ende zum andern läuft, sondern dadurch, daß eine Unzahl von Fasern einander übergreifen.«[6] Die eine Faser, die als »roter Faden« das gesamte Tau durchläuft, erklärt Goethe aus einer Praxis in der englischen Marine: »Sämtliche Tauwerke der königlichen Flotte, vom stärksten bis zum schwächsten, sind dergestalt gesponnen, daß ein roter Faden durch das Ganze durchgeht, den man nicht herauswinden kann ohne alles aufzulösen, und woran auch die kleinsten Stücke kenntlich sind, daß sie der Krone gehören.«[7]

Auch Albrecht Wellmer führt Wittgensteins Metapher

vom Tau und den Fasern aus dem *Blauen Buch* an, um damit Adornos Kritik an einer »Identitätslogik« zu stützen: »Wittgenstein benutzt das Bild der ›Familienähnlichkeit‹ und auch das des Seils, das aus lauter einzelnen Fasern besteht, um anzudeuten, wie die verschiedenen Verwendungsweisen eines Wortes ineinandergreifen. In dieser Vielfältigkeit von Verwendungsweisen eines Wortes reflektiert sich die ›Offenheit‹ sprachlicher Bedeutungen.«[8] Als Beispiel für die Offenheit von begrifflichen Bedeutungen wählt Wellmer eine Passage aus Thomas Bernhards Erzählung *Wittgensteins Neffe*. In ihr kritisiert Bernhard die starre Verwendung von »Wissenschaftsworten«, wie »manisch« und »depressiv«, durch psychiatrische Ärzte.[9] Patienten werden damit vorschnell als Fälle klassifiziert. In diesem Vorgang sieht Wellmer ein Beispiel dafür, wie »verdinglichende Praktiken in der modernen Gesellschaft in der Form von *Institutionen*« auftreten. Die ärztlichen Fachausdrücke würden als »*Ende* eines Klassifikationsversuchs« und nicht als »*Beginn* einer therapeutischen Zuwendung« im Sinne einer »vorläufigen Orientierung« verwendet. Somit sei das »identifizierende Denken« in derartigen Handlungszusammenhängen »verknüpft mit einer *Verweigerung* der Kommunikation und einer *Verletzung* der Integrität von Personen«.[10]

Derartige Praktiken sind nach Wellmer Ausdruck einer verdinglichenden Gesellschaft und nicht, wie Adorno pauschal annehme, einer generell verdinglichenden »identitätslogischen Vernunft«. Sie seien zu verstehen »als Unwahrheit *in* der Sprache (und nicht als Unwahrheit *durch* die Sprache)«[11]. *In* der Sprache ist ein Gebrauch von angeblich eindeutigen und unveränderbaren Begriffsinhalten zu kritisieren, wie ihn das Beispiel bei Bernhard gezeigt hat. Die Behauptung aber, daß dieser Gebrauch notwendigerweise *durch* die Sprache bedingt sei, ist ebenfalls abzulehnen. Wir können uns nur mit Hilfe der Sprache aus den Begriffsnetzen befreien und die eigenen Fäden spinnen. Nach Wellmer zerstört Wittgensteins Sprachspielkonzept mit dem Übergreifen der vielen Fasern »den

Fundamentalismus der Letztbegründungen und den Utopismus letzter Lösungen«, gebe aber den Vernunftanspruch als »Gewebe von sich verändernden Sprachspielen ohne Anfang und Ende und ohne letzte Sicherheiten, aber auch ohne feste Grenzen und ein für allemal geschlossene ›Übergänge‹«, nicht auf.[12]

Auch der postmoderne Denker Jean-François Lyotard hält trotz aller Kritik an einer identitätslogischen Vernunft daran fest, daß wir festgezogene »›Knoten‹ des Kommunikationskreislaufes« durch die Macht der Phantasie lösen können.[13] Auch er benutzt Wittgensteins Metapher vom Ineinandergreifen der vielen Fasern: »Das soziale Band ist sprachlich, aber es ist nicht aus einer einzigen Faser gemacht. Es ist ein Gewebe, in dem sich ... eine unbestimmte Zahl von Sprachspielen kreuzt.«[14] Wittgenstein wie Lyotard können bei ihrem Plädoyer für das Sprachspiel der Vielheit die platonische Dialektik des Einen und Vielen nicht leugnen. Wenn sie allerdings verdinglichte Sprachspiele der Einheit kritisieren, haben sie Platon auf ihrer Seite.

Der Wegfall einer sicheren Korrekturinstanz schließt die Möglichkeit nicht aus, wahre von falschen, passende von verfehlten Begriffsfäden und Sprachnetzen zu unterscheiden. Oft allerdings wird Wittgenstein so verstanden, als ob er die faktischen Sprachspiele unverändert lassen wolle, wenn er beispielsweise sagt: »Die Philosophie darf den tatsächlichen Gebrauch der Sprache in keiner Weise antasten, sie kann ihn am Ende nur beschreiben. Denn sie kann ihn auch nicht begründen. Sie läßt alles, wie es ist« (*PhU* § 124). Die Philosophie verfügt über keine Korrekturinstanz außerhalb der Sprache, mit der sie in die »faktischen Sprachspiele« eingreifen könnte. Dies käme sonst der Aufforderung gleich, »als sollten wir ein zerstörtes Spinnennetz mit unseren Fingern in Ordnung bringen« (*PhU* § 106).

Wir können genausowenig von außen unsere Sprachspiele korrigieren, wie mit unseren Fingern ein Spinnennetz. Sprache kann sich nur selbst korrigieren. Wittgenstein selber tut in seinen *Philosophischen Untersuchungen* nichts anderes, als über mißverständliche Sprachspiele aufzuklären, beispielsweise über den Gebrauch eines festen Begriffes »der« Gerechtigkeit statt unterschiedlicher Verwendungsweisen in unterschiedlichen Situationen. Einen mißverständlichen, vorweg feststehenden Sprachgebrauch kritisiert auch Platons Sokrates in den Frühdialogen. Dasselbe Verfahren empfiehlt Wellmer gegenüber einem »verdinglichten« Sprachgebrauch. Dann haben wir zwar noch immer nicht den erhofften sicheren Ariadnefaden oder »roten Faden« in der Hand, können aber gemeinsam viele Fasern einander übergreifen lassen und an unserem eigenen Lebensfaden weiterspinnen.

XI. Schlußresümee

Weiterspinnen statt Abspulen

I Was hat das Zurückspulen des Fadens unserer Vernunftgeschichte gebracht? Haben wir jetzt den rettenden Ariadnefaden wieder fest in der Hand? Oder haben der eingangs zitierte Foucault und andere Kritiker der Vernunft doch recht behalten. »Der berühmte und so fest gedachte Faden ist zerrissen«? Foucault und andere Kritiker haben recht, wenn sie einen vorgefertigten, stets mit sich identischen Leitfaden unseres Denkens und Handelns meinen: dieser Faden ist wirklich zerrissen, falls wir ihn überhaupt jemals besessen haben. Sie haben aber unrecht, falls sie deshalb das Ende *der* Vernunft insgesamt verkünden wollten.

Außer dem eingebildeten Besitz des Ariadnefadens und seinem wirklichen Verlust gibt es noch ein Drittes. Die Vernunft starrer Denk- und Handlungsmuster stößt gegenwärtig zunehmend an ihre Grenzen, in der Ökologie, Wirtschaft, Technik, Kultur, Gesellschaft und im Privatleben. Statt dessen ist die Forderung nach einem »flexiblen«, »vernetzten« Denken und einem »dynamischen« Handeln Gemeinplatz geworden. »Querdenker« sind gefragt, »Spinner« verliert seinen negativen Beiklang. Weniger selbstverständlich dagegen ist, was mit dem kreativen Weiterspinnen eigentlich gemeint ist.

In der Tat äußert sich Vernunft nicht im Abspulen vorgefertigter Gedankenfäden, sondern in ihrem kreativen Weiterspinnen. Denken und Handeln ist nur dann *vernünftig*, wenn es Wirklichkeit zu *vernehmen* vermag. Wirklichkeit vernehmen wir aber nur dann vernünftig, wenn wir Gegebenheiten berücksichtigen, überflüssige und hinderliche Grenzen überschreiten und neue Möglichkeiten für unsere Ziele und die entsprechenden Mittel entwerfen, durch die »Kunst des Denkens« (Georg Picht)[1]. Vernünftiges Denken und Handeln ist kreativ. Es spult keinen Ariadnefaden als fertiges Produkt ab, sondern greift unterschiedliche Fäden und Fasern als Material auf und spinnt sie in einem selbstbestimmten Prozeß zu einem eigenen Faden weiter. Neue, wechselnde Situationen können nicht mit starren Denk- und Handlungsmustern eingefangen werden, sondern erfordern ein jeweils neues, wechselndes Denken und Handeln.

Was heißt aber Weiterspinnen des Ariadnefadens? Das Herausspinnen von Fäden aus der vollen Drüse der Spinne und aus dem Wollknäuel am Spinnrad regte und regt die Phantasie seit jeher unmittelbar an, sich Denken als Spinnen mit dem Kopf vorzustellen. Bilder, Redewendungen und Assoziationen verwandeln sich dabei zu einem kreativen Nachdenken über Kreativität und Denken. Verfolgt man die Spinnenmetapher zusätzlich an einigen historischen Stationen des menschlichen Nachdenkens über sich selbst zurück, lassen sich unterschiedliche Entwürfe finden, Wirklichkeit zu vernehmen und die eigene Kreativität im Denken und Handeln zu verstehen. Im Laufe der Zeit ändern sich die Vorstellungen über Kreativität, Denken und Handeln. Mit ihnen ändern sich auch die mannigfachen Facetten des Spinnens. Sie lassen sich als Leitmetapher lesen, die »ihre Zeit in Gedanken erfaßt« (Hegel).

II In den mythologischen Anfängen bedeutet Kreativität, das Erschaffen oder Gestalten von Wirklichkeit nicht länger nur den Göttern oder einem allesbeherrschenden Schicksal zu überlassen, sondern sich als Subjekt des eigenen Denkens und Handelns zu erfahren und zu behaupten. Kreativität als freie Gestaltung des eigenen Lebens bedeutet dabei jedoch keine grenzenlose Autonomie. So bleibt die lydische Spinnerin Arachne im Wettkampf mit der Göttin Athene Siegerin und hat ihre Web- und Spinnkunst sich selber, nicht einer fremden Macht zu verdanken; sogar nach der Verwandlung in eine Spinne (griechisch »arachne«) als Strafe der zürnenden Göttin setzt sie noch ihre Tätigkeit fort. Arachne behauptet zwar ihre eigene Kreativität gegenüber Athene, kann sich aber nicht völlig aus der Macht der Göttin lösen.

III Dieselbe Verschränkung von Freiheit und Gebundenheit beschreiben auch weitere Mythen als Selbstauslegung menschlicher Erfahrungen mit der Wirklichkeit. Ähnlich wie Arachne Athene besiegt hat, löst der menschliche Handwerker Daidalos den göttlichen Handwerker Hephaistos ab, indem er außer anderen berühmten Kunstwerken auch das Labyrinth baut und Ariadne das rettende Wollknäuel schenkt. Insofern der Mensch selber für das Labyrinth seiner Welt verantwortlich ist, muß er auch für Auswege sorgen, und als Erbauer des Labyrinths kennt er sich in ihm auch aus. Nicht Theseus, der Bezwinger des Ungeheuers Minotauros, ist der eigentliche Befreier, sondern Daidalos. Nicht Ariadne, sondern ihm kommt die Idee mit dem Wollknäuel. Der rettende Faden entspinnt sich aus seinem Kopf. Im Vergessen des Daidalos liegt das Mißtrauen des Menschen gegenüber seiner eigenen Kreativität. Noch in den heutigen Redewendungen vom »Ariadnefaden«, »Leitfaden« oder »roten Faden« ist der Wunsch nach fremder Hilfe stärker als das Vertrauen auf die Kraft des eigenen Denkens und Handelns. Das Abspulen vergißt das kreative Weiterspinnen des Fadens.

Dieses Vergessen ist allerdings durchaus verständlich. Wie gefährlich nämlich Kreativität sein kann, haben im Mythos alle beteiligten Akteure in der Strafe der Götter erfahren, auch als Ambivalenz des Logos. In Platons Philosophie erscheint der Ariadnefaden als Logos oder Vernunft. Wie der Ariadnefaden wird seitdem auch der Logos als vorgefertigter Leitfaden des Denkens und Handelns mißverstanden und von der Erfahrung seiner Unzuverlässigkeit und Gefährdung begleitet. Zwischen dem Ariadne-Mythos und der Logos-Philosophie lassen sich direkte Bezüge feststellen. Ronna Burger etwa gibt ihrer Interpretation des Dialogs *Phaidon* sogar ausdrücklich den Titel *The Phaedo: A Platonic Labyrinth.*[2] Die unterschiedlichen Versuche, die Unsterblichkeit der Seele angesichts des Todes von Sokrates mit Hilfe des Logos zu beweisen, gleichen einem

Irrweg durch das Labyrinth. Sokrates und seine Freunde vertrauen darauf, das »Ungeheuer« der Todesfurcht mit Hilfe des Logos zu besiegen, befürchten aber, das Logosvertrauen könne leicht in »Misologie« oder in ein Mißtrauen in die Vernunft umschlagen.[3]

Auch Giorgio Colli hatte betont, daß »Die Geburt der Philosophie« von Anfang an mit den Schattenseiten der Vernunft verbunden ist. Theseus steht zwar unter dem Schutz des Licht-Gottes Apollon von Delos, muß aber zugleich die Rache des Gottes Dionysos fürchten, der sich in der Gestalt des nur scheinbar bezwungenen Minotauros verbirgt. Burger wie Colli blenden jedoch beide die kreativen Anteile des Daidalos aus. Ihn bezeichnet Sokrates selber im *Euthyphron* als seinen »Ahnherrn«. Beide bringen etwas in Bewegung: Daidalos die in der Antike berühmten »beweglichen Puppen«, Sokrates die »fixen Ideen« seiner Unterredner. Im Unterschied zur Tradition eines Homer oder zur Begriffskunst der Sophisten bietet Sokrates mit seiner Dialogkunst keine festen Orientierungen an, sondern fordert dazu auf, sich über das eigene Denken und Handeln »Rechenschaft abzulegen«. Er vertraut darauf, zusammen mit den anderen Dialogpartnern herauszubekommen, was wirklich ist und was nicht. Wie die Rhapsoden in den homerischen Epen spinnt er im mündlichen Dialog Gesprächsfäden weiter. Noch Wilhelm Dilthey versteht die sokratische Dialogkunst als »Fortspinnen« und sieht in ihr den Ursprung der Hermeneutik als Kunst der wechselseitigen Verständigung über die Wirklichkeit.

IV Mit der Vorstellung von der Kraft des eigenen Logos übernehmen die Menschen die Machtposition der Götter. Der menschliche Logos versteht sich ausdrücklich als Ausfluß des göttlichen Logos. Er hat seinen Sitz in der Seele und herrscht kraft seiner Gesetze über den Kosmos genauso wie über den Körper des Menschen. Damit gleicht er einer Spinne, wie der Sokrates des Xenophon eine Vorstellung Heraklits aufgreift, die über die Stoa noch bis in Kants Zeit nachwirkte. Wie die Spinne mit ihrem

Fangnetz auf Beutejagd geht, soll auch die Seele der Hetäre Theodote die irritierenden und bedrohlichen Gefühle beherrschen. Die ursprüngliche Kreativität des Logos tritt mit der Kreativität der Gefühle und des Unbewußten in Konkurrenz. Die Spinne und die Spindel *(Dornröschen)* wird zum neugier- und furchterregenden Symbol der Sexualität oder des Eros, jedenfalls in der Deutung der Spinnenphobie durch die Psychoanalyse. Platon allerdings überwindet den Konkurrenzanspruch von Logos und Eros durch den erotischen Grundzug des Philosophierens selbst. Die Vernunft kann nur dann kreativ das Gegebene überschreiten, wenn sie von der Leidenschaft zur Wahrheit als Eindringen in das Ganze der Wirklichkeit gepackt wird. Wer sich nicht für Ideen wie Wahrheit, Gerechtigkeit oder Freiheit »erwärmen« kann, bleibt für das Weiterspinnen des eigenen Lebensfadens unfähig.

V Als Weiterspinnen des eigenen Lebensfadens deutet Platon am Ende des *Staates* den mythologischen Prozeß der Befreiung des Menschen von fremden Mächten und spinnt damit die Fäden des Ariadne-Mythos aus dem *Phaidon* fort. Ein erster Schritt im Prozeß der Befreiung ist die Überwindung der ehernen »Notwendigkeit« durch die drei »mächtigen Spinnerinnen« Lachesis, Klotho und Atropos bei Homer. Wie die Parzen oder Nornen behalten allerdings die Moiren Homers den menschlichen Lebensfaden noch fest in ihrer Hand. Im Mythos des Er in Platons *Staat* dagegen wählt die Seele in der Unterwelt selber ihr Lebenslos und gestaltet es auch weiterhin frei. Bei aller Freiheit im Denken und Handeln bleibt sie dennoch an die »Spindel der Notwendigkeit« gebunden; auch wird der Lebensfaden schließlich »unabwendbar« von Atropos abgeschnitten. Bei allem Selbstvertrauen in den Logos täuscht sich Platon nicht über die Grenzbedingungen der menschlichen Existenz hinweg. Die »Geworfenheit« bei Sartre ist nur eine andere Vokabel dafür. Auch das Spinnen mit der Hand ist auf vorliegendes Material, Arbeitsmittel und Abnehmer angewiesen; selbst das luftige Spinnennetz ist in einen festen Rahmen eingespannt und hat eine geometrische Struktur.

VI Die Freiheit des Logos ist durch die Rahmenbedingungen und konkreten Umstände der menschlichen Existenz begrenzt und schafft ihrerseits neue Begrenzungen. Die befreiende Kraft philosophischen Selbstdenkens kann schließlich die Menschen in einem abgeschlossenen, ideologischen Systemdenken einengen und wie das Spinnennetz zu einem Fangnetz werden. Gegenüber einem scholastischen Systemdenken mit feingesponnenen Fäden, das als Produkt des Denkens den Prozeß der Denkenden überspinnt, erinnert der Popularphilosoph Garve daran, daß alle Gedankenfäden ursprünglich aus der Erfahrung des »gemeinen« Verstandes hervorgegangen sind. Sie sind der kreative Ausgangspunkt für alles weitere Denken. Daher müssen auch die Wissenschaften oder Systeme der Philosophen daran zurückgebunden werden. Eine Kostprobe populären Philosophierens gibt Garve in dem Aufsatz *Die Spinne*, in dem er ein junges Mädchen in Anknüpfung an die Gedanken anderer ihre eigenen Gedanken über die »Spinnenseele« im kreativen Prozeß des Schreibens weiterspinnen läßt.

VII Die Rückbindung des Denkens an die Erfahrung akzeptiert auch Kant, kritisiert aber die naive, ungeprüfte Kreativität der Gedankenfäden des »gemeinen« Verstandes. Die Rationalität des Begriffsdenkens und der Empirismus des Erfahrungsbezugs gehören zusammen. Denken kann Wirklichkeit nicht allein aus sich herausspinnen, sondern muß sich auf mögliche Erfahrung beziehen. In seiner programmatischen Vorrede zur zweiten Auflage der *Kritik der reinen Vernunft* greift Kant Francis Bacons Plädoyer für eine erfahrungsbezogene Wissenschaft auf und benutzt dabei die Spinnenmetapher in derselben negativen Bedeutung wie Bacon. Die Fäden und Netze der Spinnen sind ohne feste Bodenberührung bloß luftige Gebilde. Genauso produziert auch das Denken ohne den festen »Leitfaden« der Anschauungsformen Raum und Zeit sowie der Kategorien, etwa Quantität und Kausalität, bloße

»Hirngespinste«. Anders als Garve traut Kant nicht den Gedankenfäden des »gemeinen« Verstandes, sondern nur einem Verstand, der sich an dem »Leitfaden« der Vernunft orientiert.

VIII In Kants Vertrauen auf die Selbstaufklärung der Vernunft ist der Vernunft von außen keinerlei Fessel mehr angelegt, weder von übermächtigen Göttern noch von bloßer Autorität oder Erfahrung. Sie ist das oberste, autonome Kriterium für das Erfassen von Wirklichkeit und vernimmt nicht von anderen, was wirklich ist. Im Deutschen Idealismus wird in einem nächsten Schritt aus dem Erfassen das Produzieren von Wirklichkeit aus dem absoluten Geist der »spinnwebigen Berliner Dialektik« heraus, wie Heinrich Heine Hegel verspottet. Das Herausspinnen der Wirklichkeit aus dem Logos steht im Kontrast zur Vorstellung des indischen Brahman. Danach spinnt die göttliche »Weltspinne« den Weltschleier der Maya als Produkt aus sich heraus und nimmt ihn, wie die Spinne das Spinnennetz, wieder in sich zurück. Menschliche Kreativität ist daher ebenso eine Selbsttäuschung wie der Glaube an eine feste Wirklichkeit.

Allerdings können wir durch das Göttliche in uns den kreativen Prozeß des Hervorbringens und Zurücknehmens von Wirklichkeit durch meditative Versenkung wiederholen, etwa durch das Betrachten der netzartigen Mandala-Scheibe, Buddhas Schmuck. Beide Formen des Herausspinnens von Wirklichkeit hatte David Hume als Spinnen aus dem Kopf und aus dem Bauch gegenübergestellt. Eine weitere Variante von Welterzeugung entwirft Schopenhauer in seinem Hauptwerk mit dem programmatischen Titel *Die Welt als Wille und Vorstellung*. Dort ist der kreative Urgrund aller Wirklichkeit weder der Logos noch das göttliche Nirwana, sondern das Unbewußte, Irrationale. Kreativität beschäftigt seitdem nicht nur den Mythos und die Philosophie, sondern auch die Tiefenpsychologie.

IX Bei allen Verabsolutierungen der Kreativität in der idealistischen, meditativen oder irrationalen Variante, auch in der Vorstellung vom schrankenlosen künstlerischen Genie, hat das kreative Denken und Handeln des Menschen unterdessen eine reale, handfeste Macht entfaltet. In Ablösung der göttlichen Kreativität erschafft die menschliche Kreativität auf dem Weg über ihre technischen Produkte und institutionellen Regelungen die Wirklichkeit noch einmal neu aus sich heraus. In der Gentechnologie ebenso wie in manchen Projekten der »Künstlichen Intelligenz« versucht sich der Mensch sogar selber zu erschaffen. Die Kreatur Mensch wäre dann Kreatur ihrer selbst. Denken als Überlebensmittel entfernt sich vom Leben, wie Nietzsche den »Bau wie aus Spinnefäden« kritisiert. Gegen ein derartig lebenszerstörendes Denken solle die produktive Kraft der Kunst wieder ihr altes Recht erhalten.

Wie Nietzsche kritisiert auch Adorno das Fangnetz »positivistischen« Denkens, das sich als *Täter* der gegebenen *Tat*sachen hinter seinen eigenen Gespinsten verbergen möchte. Das Abspulen von vorgefertigten Gedankenmustern beherrscht damit endgültig das kreative Weiterspinnen. Alles kreative, kritische Denken, das gegen die Übermacht des Gegebenen an die Vorstellungen eines menschlichen, autonomen Lebens erinnert, wird als bloße Spinnerei verächtlich abgetan. Demgegenüber rehabilitiert Adorno den Begriff des Spinners als Ehrentitel. Während der Spinner seit der Zwangsarbeit in den Spinnstuben als Zuchthaus des achtzehnten Jahrhunderts bis heute in der Regel als Verrückter oder Querulant gilt, ist für Adorno das »Spinitisieren« des verfemten »Luftmenschen« eine lebensnotwendige Kritik am Begriffsnetz der »Tatsachenmenschen«. Mit dem Spinnen darf man ebensowenig wie mit der halbierten Rationalität auf halbem Wege stehenbleiben. Das Denken muß vielmehr seine eigenen Produkte in ihren Zielen und Mitteln selbst wieder einer Kritik unterziehen.

X Ist das ursprünglich befreiende Denken erst einmal unter einen Herrschaftsverdacht geraten, droht auch der beanspruchten befreienden Kritik derselbe Verdacht. Das

Denken verstrickt sich selbst in seine eigenen Fangnetze, den Verdacht eines eurozentrischen Kolonialismus, naturzerstörerischen Instrumentalismus und lebenstötenden Logozentrismus. Die Kritik der Vernunft zerstört ihre eigene Basis als Vernunft der Kritik. Einen Ausweg aus der Krise der Vernunft als Krise des kreativen Denkens und Handelns bietet der späte Wittgenstein an. Er empfiehlt, unsere Begriffsfäden einmal genauer anzuschauen und sich nicht vom Schein der starren Begriffsnetze oder der Identitätslogik täuschen zu lassen.

Entgegen dem naiven Anschein oder der machtvollen Durchsetzung einer alles Besondere überspinnenden Identitätslogik machen wir in unterschiedlichen Situationen von unterschiedlichen Begriffsnuancen und Begriffsnetzen Gebrauch. Sogar die Logik, die Basis von Wissenschaft und Technik, hat offene Ränder, insofern ihre Begriffe ihrerseits durch Begriffe der Umgangssprache definiert werden. Es gibt keinen identischen, vorgefertigten Begriffsfaden, sondern wir bringen die Begriffe erst hervor, indem wir »Faser auf Faser einander übergreifen« lassen und zu unserem eigenen Faden mit wechselnden »Familienähnlichkeiten« spinnen. Wir brauchen zwar, wie Wellmer Wittgensteins Beobachtungen aufgreift, identische Begriffe als erste gemeinsame Orientierungen zur Verständigung für ein gemeinsames technisches und gesellschaftliches Handeln, müssen sie aber je nach konkreter Situation zu unseren eigenen Begriffsfäden weiterspinnen. Eine autonome und kreative Begriffspraxis ist allerdings, so fügt Wellmer hinzu, ohne eine autonome und kreative Handlungspraxis nicht möglich.

Vernunft- und Gesellschaftskritik sind miteinander verwoben. Kritik an einer starren Begriffs- und Handlungspraxis der Polis und des Einzelnen hatte bereits Sokrates zu Anfang der, wie man hinzufügen sollte, europäischen Vernunftgeschichte geübt. Das Zurückspulen des Fadens unserer Vernunftgeschichte kann daran erinnern, daß wir über die sokratischen Anfänge noch nicht sehr weit hinausgekommen sind. Der »berühmte und so fest gedachte

Faden« ist gerissen, hoffentlich. Wir müssen endlich damit ernstmachen, ihn weiterzuspinnen, mit dem Kopf, aus dem Bauch und mit der Hand. Dabei gilt es, gelassen zu unterscheiden, was in unserer Hand liegt und was nicht, auch, wann uns kreatives Denken und Handeln bloß als fremde Leistung abverlangt wird und wann es eine notwendige und befriedigende Äußerung menschlichen Daseins ist.

Anmerkungen

I. Leitmetaphern im Denken und Handeln

Kreativität und Weiterspinnen

1 Vgl. George Lakoff/Mark Johnson, *Metaphors we live by.* Chicago/London 1980.

2 Bei Textstellen, die leicht in verschiedenen Ausgaben wiederzufinden sind, wird auch im folgenden auf den Nachweis einer bestimmten Ausgabe verzichtet.

3 Siehe zuletzt Hans Blumenberg, *Höhlenausgänge.* Frankfurt/M. 1989.

4 Michel Foucault, *Der Ariadnefaden ist gerissen.* In: Gilles Deleuze/Michel Foucault, *Der Faden ist gerissen.* Berlin 1977, S. 7 f.

5 Walter Volpert, *Zauberlehrlinge. Die gefährliche Liebe zum Computer.* Weinheim/Basel 1985 (Überschrift zum 18. Kapitel).

6 Norbert Elias, *Über den Prozeß der Zivilisation. Soziogenetische und psychogenetische Untersuchungen.* Bd. II, Frankfurt/M. 1976, S. 321 f.

7 Jürgen Habermas, *Der philosophische Diskurs der Moderne. Zwölf Vorlesungen.* Frankfurt/M. 1985, S. 400; vgl. auch S. 110, 148, 417.

8 Unterdessen hat auch Annemarie Pieper, *Selber denken. Anstiftung zum Philosophieren.* Leipzig 1997, die Spinnenmetapher aufgegriffen, um den kreativen Vorgang des Philosophierens auszudrücken.

II. Göttliche und menschliche Spinnkunst

Arachnes Wettkampf mit Athene

1 Ovid, *Metamorphosen* VI 129–145 (Übers. E. Rösch, Ovid, *Metamorphosen*). München 1952.

2 Robert von Ranke-Graves, *Griechische Mythologie. Quelle und Deutung.* Reinbek bei Hamburg 1984, S. 88.

3 Richard Gaskin, *Do Homeric Heroes Make Real Decisions?* In: *Classical Quarterly* 40 (1990), S. 2–15.
4 Gerburg Trensch-Dieter, *Wie den Frauen der Faden aus der Hand genommen wurde. Die Spindel der Notwendigkeit.* Berlin o. J. (1983).
5 Mary Daly, *Gyn/Ökologie. Die Meta-Ethik des Radikalen Feminismus.* München 1981, S. 404.
6 *Johann Georg Hamann, Schriften,* Bd. 1–7, hrsg. von F. Roth. Berlin 1821–1843, Bd. 3, S. 192 (dtv-Faksimilenachdruck).

III. Der Ariadnefaden im Labyrinth

Die Kunst des Daidalos und das Wagnis des Sokrates

1 Giorgio Colli, *Die Geburt der Philosophie.* Frankfurt/M. 1990 (italien. 1975), S. 25–29.
2 Ebd., S. 25.
3 Vgl. Ekkehard Martens, *Die Sache des Sokrates.* Stuttgart 1992.
4 Vgl. Günther Bien zu »Hypolepsis«, in: *Historisches Wörterbuch der Philosophie* (Hrsg. J. Ritter u. a.), Bd. 3: G–H, Darmstadt 1974, Spalte 1254.
5 Wilhelm Dilthey, *Die Entstehung der Hermeneutik. Ges. Schriften,* V. Bd. Leipzig und Berlin 1924, S. 328 (zuerst 1900).
6 Ivan Illich/Barry Sanders: *Das Denken lernt schreiben. Lesekultur und Identität.* Hamburg 1988, S. 25 f.
7 Ebd., S. 35; vgl. auch S. 40–43.
8 Zitiert nach: Robert Ranke-Graves, *Griechische Mythologie. Quellen und Deutung.* Reinbek bei Hamburg 1984, S. 266 (mit Angabe der antiken Quellen Diodorus, Ovid, *Metamorphosen* VIII, u. a.).
9 Ebd., S. 307 f.
10 Ebd., S. 288.

IV. Fangnetz der Hetäre und Spinnenkuß

Vernunft und Gefühle bei Xenophon und in der Psychoanalyse

1 Xenophon, *Erinnerungen an Sokrates,* III. Buch, 11. Kapitel (Übers. P. M. Laskowski). München 1960, S. 118–121.
2 Maximilian Forschner, *Die stoische Ethik.* Stuttgart 1981, S. 59.
3 Immanuel Kant, *Träume eines Geistersehers* (1766), A 21/22 (Weischedel-Ausgabe, Bd. I, Darmstadt 1966, S. 932 f.).
4 Xenophon, *Memorabilien* I, 3.

5 Xenophon, *Gastmahl* IV, 25–28.
6 Vgl. Xenophon, *Memorabilien* III, 7.
7 Michel de Montaigne, *Essais.* Dt. von Herbert Lüthy (Auswahl). Zürich 1953, S. 709f. Vgl. auch Michel Foucault, *Der Gebrauch der Lüste. Sexualität und Wahrheit.* Zweiter Band. Frankfurt/M. 1986, S. 295.
8 Siehe hierzu auch die *Erläuterungen und Dokumente* bei Reclam, Stuttgart 1983; ferner Wilhelm Laiblin (Hrsg.), *Märchenforschung und Tiefenpsychologie,* Darmstadt 1975 (bes. zu *Dornröschen*).
9 Kant, *Über Pädagogik,* A 63 (Weischedel-Ausgabe Bd. VI, S. 724).
10 Karl Abraham, *Die Spinne als Traumsymbol.* Psychoanalytische Studien Bd. I. Hrsg. J.Cremerius. Frankfurt/M. 1969, S. 250.
11 Ebd., S. 247f.
12 Ebd., S. 250.
13 Hans Peter Duerr, *Traumzeit. Über die Grenze zwischen Wildnis und Zivilisation.* Frankfurt/M. 1978, S. 40.
14 Ebd., S. 47.
15 Alex Comfort, *Joy of Sex/Freude am Sex.* Frankfurt/M. u. a., 1981, S. 185.

V. Lebensfäden der mächtigen Spinnerinnen

Homer und Platon über Freiheit und Notwendigkeit

1 Platon, *Staat* 10, 614b–621d. Zitiert wird im folgenden nach der Übersetzung von Karl Vretska, Platon, *Der Staat.* Stuttgart 1958.
2 George Thomson, *Frühgeschichte Griechenlands und der Ägäis.* Berlin (DDR) 1980, S. 280.
3 Ebd., S. 280f.
4 Ebd., S. 281.
5 *Heinrich von Kleist,* dtv-Gesamtausgabe Bd. 6, München 1964, S. 170.
6 Burrhus Frederic Skinner, *Jenseits von Freiheit und Würde.* Reinbek bei Hamburg 1973, S. 202.
7 Vgl. Ekkehard Martens, *Zwischen Gut und Böse. Elementare Fragen angewandter Philosophie.* Stuttgart 1997 (vor allem Kap. 8 »Können Computer für uns entscheiden«).

VI. Gedankenfäden des gemeinen Verstandes

Garves Popularphilosophie contra Systemdenken

1 Friedrich Nietzsche, *Menschliches, Allzumenschliches*. II. Band, Aphorismus 194.
2 Siehe zu den drei Formen der deutschen Aufklärungsphilosophie Rainer Specht (Hrsg.), *Rationalismus. Geschichte der Philosophie in Text und Darstellung*, Bd. 5, hrsg. von R. Bubner. Stuttgart 1979, S. 313–397.
3 Christian Garve, *Von der Popularität des Vortrages*. In: ders., *Popularphilosophische Schriften*. 2. Bd. Stuttgart 1974 (Faksimiledruck von 1776), S. 1056. Zitate im folgenden: S. 1054, 1058, 1064.
4 Zitiert nach: Norbert Hinske, *Kants neue Terminologie und ihre alten Quellen*. In: *Kant-Studien* 65 (1974), S. 68.
5 Christian Garve, a. a. O., S. 1062f.
6 Christian Garve, *Das Weihnachtsgeschenk*. In: Johann Jacob Engel (Hrsg.), *Der Philosoph für die Welt. Erster Teil*. Wien 1827 (zuerst 1801), S. 124–128.
7 Almut Bohnsack, *Spinnen und Weben. Entwicklung von Technik und Arbeit im Textilgewerbe*. Reinbek bei Hamburg 1981, S. 16ff.
8 Christian Garve, *Die Spinne (Ein Selbstgespräch)*. In: Engel, S. 119–126. (Der Verfasser wird nicht ausdrücklich genannt.)
9 Joachim Heinrich Campe, *Bilder-Abeze*. Hrsg. D. Leube. Frankfurt/M. 1975, S. 44.
10 Georg Christoph Lichtenberg, *Sudelbücher* (Hrsg. Franz H. Mautner). Frankfurt/M. 1984, S. 521 (= L 736).
11 Ebd., S. 522 (= L 740).

VII. Hirngespinste und Leitfaden

Rationalismus und Empirismus bei Bacon und Kant

1 Hans Medick, *Spinnstuben auf dem Dorf. Jugendliche Sexualkultur und Feierabendbrauch in der ländlichen Gesellschaft der frühen Neuzeit*. In: Gerhard Huck (Hrsg.), *Sozialgeschichte der Freizeit*. Wuppertal 2. A. 1982, S. 24.
2 Siehe Gudrun Kühne-Bertram, *Aus dem Leben zum Leben. Entstehung, Wesen und Bedeutung populärer Lebensphilosophien in der Geistesgeschichte des 19. Jahrhunderts*. Frankfurt/M. u. a. 1987, S. 59.

3 Siehe ebd., S. 59. (Kunkel: *Spindel, Spinnrocken*; im alten deutschen Recht Sinnbild des weiblichen Geschlechts.)
4 Zitiert nach: Hans Medick, *Spinnstuben auf dem Dorf*, S. 28.
5 Bernd Nitschke, *Die Zerstörung der Sinnlichkeit*, München 1981, S. 97.
6 Francis Bacon, *Das Neue Organon*. Berlin (DDR), 1962, S. 106 (1. Buch, 95. Kapitel).
7 Ebd., S. 12 (Vorrede). Vgl. Hans Blumenberg, *Höhlenausgänge*. Frankfurt/M. 1989, S. 477.
8 Ebd., S. 146 (2. Buch, 7. Kapitel).
9 Jonathan Swift, *Gullivers Reisen*. Frankfurt/M. 1974, S. 256 f.; siehe auch die Anm. S. 450.

VIII. Göttliche Weltspinne und spinnwebige Dialektik

Indisches Brahman und Hegels Idealismus

1 *Upanishaden. Ausgewählte Stücke*. Hrsg. Paul Thieme. Stuttgart 1966, S. 27.
2 Zitiert nach: Paul Deussen, *Allgemeine Geschichte der Philosophie mit besonderer Berücksichtigung der Religionen*. Erster Band, zweite Abteilung: *Die Philosophie der Upanishad's*. Kiel, 2. Auflage 1907 (1. Auflage 1899), S. 150.
3 *Bhagavadgita. Das Lied der Gottheit*. Hrsg. Helmuth von Glasenapp. Stuttgart 1955, S. 73.
4 Heinrich Zimmer, *Yoga und Buddhismus*, Frankfurt/M. 1973, S. 163.
5 Ebd., S. 252 f.
6 Zitiert nach: Rajineesh Neo-Tarot. Köln 1983, S. 73.
7 David Hume, *Dialoge über natürliche Religion*. Hamburg 1968, S. 62.
8 Ebd., S. 62.
9 Ebd., S. 64.
10 Georg Wilhelm Friedrich Hegel, *Vorlesungen über die Geschichte der Philosophie*, Werke Bd. 18. Frankfurt/M. 1971, S. 77.
11 Ebd., S. 185.
12 Ebd., S. 115 f.
13 Heinrich Heine, *Zur Geschichte der Religion und Philosophie in Deutschland*. Schriften, Bd. 5, München 1976, S. 502 f.
14 Arthur Schopenhauer, *Parerga und Paralipomena*, Bd. 2, 1. Teilband, Kap. 1 »Über Philosophie und ihre Methode«. Werke Bd. 9, Wiesbaden 1911.
15 Ebd., S. 15.

IX. Ein Bau wie aus Spinnefäden

Kritik an Vernunft und Gesellschaft bei Nietzsche und Adorno

1 Friedrich Nietzsche, *Menschliches, Allzumenschliches*. Erster Band: *Von den ersten und letzten Dingen* (2. Absatz) (Schlechta-Ausgabe Bd. I, S. 448).
2 Friedrich Nietzsche, *Über Wahrheit und Lüge im außermoralischen Sinn* (Schlechta-Ausgabe Bd. II, S. 309–322; dort auch die folgenden Zitate ohne genauere Angabe).
3 Friedrich Nietzsche, *Vom Nutzen und Nachteil der Historie für das Leben* (Schlechta-Ausgabe Bd. I, S. 267).
4 Friedrich Nietzsche, *Die fröhliche Wissenschaft*. V. Buch, Aphorismus 366.
5 Friedrich Nietzsche, *Also sprach Zarathustra*. II. Teil. *Von den Gelehrten*.
6 Friedrich Nietzsche, *Also sprach Zarathustra*. II. Teil. *Von den Taranteln*.
7 Friedrich Nietzsche, *Also sprach Zarathustra*, III. Teil. *Vor Sonnenaufgang*.
8 Wilhelm Dilthey, *Der Fortgang über Kant*. Aus: *Zur Weltanschauungslehre* (um 1880). In: ders., *Das Wesen der Philosophie*. Hrsg. Manfred Riedel. Stuttgart 1984, S. 206.
9 Ebd., S. 185.
10 Theodor W. Adorno, *Erziehung nach Auschwitz*. In: *Stichworte. Kritische Modelle* 2. Frankfurt/M. 1969, S. 87.
11 Theodor W. Adorno, *Charakteristik Walter Benjamins*. In: ders., *Prismen*. Frankfurt/M. 1976, S. 284.
12 Theodor W. Adorno, *Wozu noch Philosophie?* In: *Eingriffe*. Frankfurt/M. 1963, S. 16.
13 Max Horkheimer/Theodor W. Adorno, *Dialektik der Aufklärung*. Frankfurt/M. 1969 (zuerst 1947), S. 30.
14 Theodor W. Adorno, *Der Essay als Form*. In: ders., *Philosophie und Gesellschaft*. Stuttgart 1984, S. 6.
15 Theodor W. Adorno, *Minima Moralia. Reflexionen aus dem beschädigten Leben*. Frankfurt/M. 1985, S. 205 (II. Teil, Aphorismus 99).
16 Theodor W. Adorno, *Charakteristik Walter Benjamins*, S. 284.
17 Theodor W. Adorno, *Minima Moralia*, S. 108 (II. Teil, Aphorismus 51).
18 Theodor W. Adorno, *Negative Dialektik*. Frankfurt/M. 1966, S. 88.
19 Theodor W. Adorno, *Minima Moralia*, Erster Teil, Nr. 6.
20 Theodor W. Adorno, *Wozu noch Philosophie?*, S. 14.

X. … daß viele Fasern einander übergreifen

Wittgensteins Sprachspiele und der Universalienstreit

1 Ludwig Wittgenstein, *Philosophische Untersuchungen*. Frankfurt/M. 1971, § 67.
2 Ernst Cassirer, *Was ist der Mensch? Versuch einer Philosophie der menschlichen Kultur*. Stuttgart 1960, S. 38–40.
3 Vgl. Ekkehard Martens, Platon. *Parmenides*. Griechisch und Deutsch. Stuttgart 1987, Nachwort. Vgl. ferner ders., *Platonischer Pragmatismus und aristotelischer Essentialismus*. In: Herbert Stachowiak (Hrsg.), *Pragmatik*, Bd. I. Hamburg 1986, S. 108–125; ders. (Hg.), *Ich denke, also bin ich. Grundtexte der Philosophie*. München 2000, S. 57 ff.
4 Frederic Vester, *Unsere Welt – ein vernetztes System*. München 1983, S. 9.
5 Franz Vonessen, *Der Mythos vom Weltschleier*. In: *Antaios*, Bd. 4, Stuttgart 1963, S. 26.
6 Ludwig Wittgenstein, *Das Blaue Buch. Eine philosophische Betrachtung*. Schriften Bd. 5, Frankfurt/M. 1970, S. 122 f.
7 Johann Wolfgang von Goethe, *Wahlverwandtschaften*. II. Teil 2. Kap.
8 Albrecht Wellmer, *Zur Dialektik von Moderne und Postmoderne. Vernunftkritik nach Adorno*. In: ders., *Zur Dialektik von Moderne und Postmoderne* (= Titelaufsatz), Frankfurt/M. 1985, S. 85.
9 Ebd., S. 90–94.
10 Ebd., S. 93.
11 Ebd., S. 88.
12 Ebd., S. 108.
13 Jean-François Lyotard, *Das postmoderne Wissen*. Bremen 1982, S. 33.
14 Ebd., S. 75.

XI. Schlußresümee

Weiterspinnen statt Abspulen

1 Georg Picht, *Die Kunst des Denkens*. In: ders., *Wahrheit – Vernunft – Verantwortung. Philosophische Studien*. Stuttgart 1969, S. 427–434.
2 Ronna Burger, *The Phaedo: A Platonic Labyrinth*. New Haven/London 1984.
3 Ebd., S. 21 ff. Ekkehard Martens

RECLAM-BIBLIOTHEK

Philosophische Disziplinen

Ein Handbuch

Herausgegeben von Annemarie Pieper
479 Seiten. RBL 1643. 25,– DM
ISBN 3-379-01643-8

Sicher, es gibt eine Vielzahl von philosophischen Einführungen; was jedoch seit langem fehlt, das ist ein Handbuch, ein kompaktes Nachschlagewerk, das die zentralen Disziplinen der Philosophie in bündiger Form erläutert. Durch die rigorose Beschränkung auf das Wesentliche wird ein informativer Überblick über die systematischen Fachgebiete ermöglicht. Die Basler Philosophin Annemarie Pieper hat namhafte Spezialisten gebeten, die relevanten Themen und Fragestellungen der jeweiligen philosophischen Bereiche vorzustellen. Jeder Artikel ist zudem mit einer repräsentativen Auswahl von Primär- und einschlägiger Sekundärliteratur versehen.

Vorgestellt werden: Anthropologie, Ästhetik, Erkenntnistheorie, Ethik, (Spezial-)Ethiken, Feministische Philosophie, Geschichtsphilosophie, Kulturphilosophie, Logik, Metaphysik, Naturphilosophie, Philosophie des Geistes, Philosophiedidaktik, Politische Philosophie, Rechtsphilosophie, Religionsphilosophie, Sozialphilosophie, Sprachphilosophie, Technikphilosophie, Wissenschaftstheorie.

Philosophinnen-Lexikon

Herausgegeben von Ursula I. Meyer und
Heidemarie Bennent-Vahle
637 Seiten. RBL 1584. 30,– DM
ISBN 3-379-01584-9

Dieses Lexikon stellt über 200 Philosophinnen aus der gesamten Philosophiegeschichte vor, angefangen mit den antiken Pythagoreerinnen, über die mittelalterlichen Mystikerinnen und die aufgeklärten Denkerinnen der Neuzeit bis zu den feministischen Philosophinnen der Gegenwart.

Das Denken der Philosophinnen ist meist nicht vordergründig akademisch-systematisch, sondern getarnt unter literarischen Ambitionen oder versteckt in regen Korrespondenzen. Viele dieser Philosophinnen bewegen sich in Grauzonen und Nischen. Sie benötigen einen weiter gefaßten Philosophiebegriff, der auch ethische Überlegungen zu spezifischen Frauenthemen einschließt.

»Nicht nur ›interessant‹, sondern vielmehr so ›spannend‹, daß es zum Nicht-mehr-aus-der-Hand-legen animiert.«

Deutsches Bibliotheksinstitut

»Eine Bereicherung der Lexikon-Literatur!«

Buchhändler heute

RECLAM-BIBLIOTHEK

Reiner Wimmer

Vier jüdische Philosophinnen

Rosa Luxemburg, Simone Weil,
Edith Stein, Hannah Arendt.

397 Seiten. Mit 4 Photographien.
RBL 1575. 24,– DM
ISBN 3-379-01575-X

Biographie, Ideengeschichte und Zitate wechseln sich in jeder der vier Abhandlungen ab, so daß die Lektüre so unterhaltsam wie informativ und empfehlenswert sowohl als Lebensabriß wie auch als philosophische Einführung zu vier bedeutenden Frauen ist.

Dialog (Internet)

Spannungsreich und vielschichtig wird Wimmers Buch durch die geschickte und kontrastierte Mischung von historischen, biographischen und philosophischen Texten.

Stuttgarter Zeitung

RECLAM-BIBLIOTHEK

Steffen Dietzsch
Kleine Kulturgeschichte der Lüge

156 Seiten. RBL 1580. 18,– DM
ISBN 3-379-01580-6

Schon mit der aus dem 16. Jahrhundert stammenden Fabel vom *Reineke Fuchs* wird das illusionslose Wissen über die Allmacht der Lüge überliefert. Mit schamlos-dreister Lüge obsiegt der Schurke Reineke Fuchs im Kampf um Macht und Reichtum. Er weiß eben, wo der Hase langläuft. Die Welt läßt sich, bedauerlicher- oder glücklicherweise, nicht mit einem Kloster vergleichen; die Lüge ist längst jenseits von Gut und Böse, sie ist nicht schlechthin gemein, sie ist allgemein.

Steffen Dietzsch, der Berliner Philosoph, hat einen frech-provozierenden, kurzweilig-heiteren Essay geschrieben, der die Lüge nicht moralisierend verdammt, sondern als notwendiges gesellschaftliches Regulativ thematisiert.

Ein origineler Streifzug durch das Dickicht der Lügen – von der Antike bis zur Gegenwart.

Philosophen beschimpfen Philosophen

Die kategorische Impertinenz seit Kant

Herausgegeben von Steffen Dietzsch
135 Seiten. RBL 1542. 16,– DM
ISBN 3-379-01542-3

Insgeheim ist diese Sammlung von Fragmenten eine etwas andere Einführung in die Philosophie. Denn die bösen Enthüllungen über den Beschimpften entstellen auch den Schimpfenden bisweilen bis zur Kenntlichkeit. Das ›Pathos der Distanz‹, mit dem uns Philosophen gewöhnlich begegnen und mit dem wir uns gewöhnlich auch die Philosophie vom Leibe halten, wird hier unterlaufen – und wir erkennen Philosophen durchaus als unsereins. Und so können wir insgesamt unsere Freude haben an dieser fröhlichen Selbstkritik der philosophierenden Vernunft.
Der Herausgeber – ein nomadisierender Philosoph – hat Textstücke aus den letzten zwei Jahrhunderten versammelt. Wir begegnen vertrauten Bosheiten, aber es werden auch längst verschollene Schlechtigkeiten aus dem Schlaf der Vernunft geschreckt.

Annemarie Pieper
Selber denken

Anstiftung zum Philosophieren

189 Seiten. RBL 1585. 17,– DM
ISBN 3-379-01585-7

Totgesagte leben länger: Die Philosophie hat seit ihren Anfängen vor mehr als zweieinhalbtausend Jahren nichts von ihrer Faszination eingebüßt – so oft sie auch abgeschrieben, für überflüssig erklärt oder unter Kuratel gestellt wurde. Diese Wirkung hat zweifellos mit der Unbestechlichkeit zu tun, die einem klaren Kopf zugeschrieben wird: Er allein ermöglicht Durchblick, Weitblick und Überblick.

Die in diesem Band ausgebreiteten Texte gelten den »großen« Themen der abendländischen Philosophie, dem Guten, dem Wahren, dem Schönen oder den Utopien. Annemarie Pieper kommentiert diese Gedanken prägnant und verknüpft sie zu einem imposanten Netzwerk, das die Lust am Denken befördern will. Sich auf die eigene Kompetenz zu besinnen und den Dingen zwanglos auf den Grund zu gehen – dazu lädt sie ein, dazu möchte sie anstiften.

RECLAM-BIBLIOTHEK

Andreas Steffens

Philosophie des zwanzigsten Jahrhunderts

oder

Die Wiederkehr des Menschen

316 Seiten. RBL 1663. 22,– DM

ISBN 3-379-01663-2

Ausgehend von einer – in dieser Perspektive erstmals unternommenen – Analyse der im 20. Jahrhundert eskalierenden Politik der Menschenformung (Anthropolitik), deren Ziel es war, die Sehnsucht nach einem neuen, perfektionierten Menschen mit Gewalt zu verwirklichen, bietet Andreas Steffens einen zusammenfassenden Rückblick auf die zentralen philosophischen Denkformen unseres Jahrhunderts: von der Lebensphilosophie bis zur Ästhetik, von der analytischen Philosophie bis zur Kritischen Theorie, vom Symbolismus bis zur Semiotik, von der Phänomenologie bis zum Existentialismus.

»Steffens bietet eine kluge, engagierte Philosophie.«

Der Spiegel